Die Reichen Herzöge von Bayern-Landshut

kleine bayerische biografien

herausgegeben von
Thomas Götz

GERALD HUBER

Die Reichen Herzöge von Bayern-Landshut

Bayerns goldenes Jahrhundert

Verlag Friedrich Pustet
Regensburg

◆◆◆

Biografien machen Vergangenheit lebendig: Keine andere literarische Gattung verbindet so anschaulich den Menschen mit seiner Zeit, das Besondere mit dem Allgemeinen, das Bedingte mit dem Bedingenden. So ist Lesen Lernen und Vergnügen zugleich.

Dafür sind gut 100 Seiten genug – also ein Wochenende, eine längere Bahnfahrt, zwei Nachmittage im Café.

Wobei *klein* nicht leichtgewichtig heißt: Die Autoren sind Fachleute, die wissenschaftlich Fundiertes auch für den verständlich machen, der zwar allgemein interessiert, aber nicht speziell vorgebildet ist.

Bayern ist von nahezu einzigartiger Vielfalt: Seine großen Geschichtslandschaften Altbayern, Franken und Schwaben eignen unverwechselbares Profil und historische Tiefenschärfe. Sie prägten ihre Menschen – und wurden geprägt durch die Männer und Frauen, um die es hier geht: Herrscher und Gelehrte, Politiker und Künstler, Geistliche und Unternehmer – und andere mehr.

Das wollen die KLEINEN BAYERISCHEN BIOGRAFIEN: bekannte Personen neu beleuchten, die unbekannten (wieder) entdecken – und alle zur Diskussion um eine zeitgemäße regionale Identität im Jahrhundert fortschreitender Globalisierung stellen. Eine Aufgabe mit Zukunft.

DR. THOMAS GÖTZ, Herausgeber der Buchreihe, geboren 1965, studierte Geschichte, Germanistik und Philosophie. Er lehrt Neuere und Neueste Geschichte an der Universität Regensburg und legte mehrere Veröffentlichungen, vor allem zu Stadt und Bürgertum in Bayern und Tirol im 18., 19. und 20. Jahrhundert, vor. Darüber hinaus arbeitet er im Museums- und Ausstellungsbereich.

Inhalt

Vorwort: Ein langes Jahrhundert

»Lange« Jahrhunderte gibt es in der Geschichte immer wieder, Zeiten, in denen sich die großen Themen, Chancen und Krisen eines Jahrhunderts bereits im vorhergehenden ankündigen und erst im darauffolgenden lösen. Ein solches langes Jahrhundert war das 15. Jahrhundert für Bayern, speziell für das Herzogtum Bayern-Landshut. Es beginnt bereits 1392 mit der letzten bayerischen Landesteilung und endet 1506 mit dem sogenannten Primogeniturgesetz, das künftige Landesteilungen verhindern soll.

Geprägt worden ist dieses lange, dieses große »Landshuter Jahrhundert« Bayerns durch drei bedeutende Fürstengestalten – drei höchst unterschiedliche Charaktere, denen doch eines gemeinsam war: ihr sprichwörtlicher Reichtum, der ihre Macht und damit die Möglichkeiten ihres Landes in einem Maß erweiterte, das es so später nicht mehr gegeben hat.

Das Herzogtum Bayern-Landshut wurde im 15. Jahrhundert das weitaus größte und reichspolitisch aussichtsreichste bayerische Territorium. Die letzten Bayern-Landshuter Herzöge gehörten zu den maßgeblichen Figuren des Reiches; ihre Hofhaltung entwickelte eine Pracht, die nur Königshöfen vergleichbar ist. Die hochfliegenden Pläne dieser Zeit, die in durchaus realistischen Träumen von einem süddeutschen Großreich der Wittelsbacher gipfelten, endeten allerdings in der Katastrophe des »Landshuter Erbfolgekriegs«, der nicht nur den Reichtum des Landshuter Herzogshauses verschlang, sondern auch gleich das ganze Territorium als politische Einheit auslöschte. Fortan wurden die Geschicke Bayerns von München aus gelenkt.

Die Geschichtsschreibung hat in den vergangenen gut 500 Jahren meistens den Blickwinkel der Münchner Wittelsbacher eingenommen, die in der Auseinandersetzung mit ihren Landshuter Vettern die Oberhand behielten. Unter anderem aufgrund der disparaten Quellensituation (das Bayern-Landshuter Archiv wurde nach dem Erbfolgekrieg auseinandergerissen und über mehrere Standorte zerstreut), unterblieb lange

Die wittelsbachische Stammburg »Landeshut« wurde zu Beginn des 13. Jahrhunderts Regierungszentrale der Wittelsbacher.

Zeit eine fundierte Auseinandersetzung mit der »Landshuter Sicht der Dinge«. Erst in den letzten Jahren hat sich dieses Blatt gewendet: Es erschien eine Reihe historischer Arbeiten, die die große Zeit der Landshuter Herzöge neu bewerten.

Die vorliegende *kleine bayerische biografie* möchte dazu beitragen, diese Neubewertung des langen bayerischen 15. Jahrhunderts einem breiten Publikum bekannt zu machen, und zugleich den Blick öffnen für ein Kapitel bayerischer Geschichte, das lange als dunkles, zerrissenes Jahrhundert wahrgenommen wurde, in Wirklichkeit aber eine der politisch interessantesten und kulturell bedeutendsten Epochen Bayerns war.

Prolog: Bayerische Hauptstädte

Über viele Jahrhunderte hinweg regierten die Herzöge Bayerns ihr Land, ebenso wie die Herrscher anderer Länder, vom Sattel aus. Nur die regelmäßige Anwesenheit des Herrn garantierte, dass seine Herrschaft und sein Recht in allen Landesteilen befolgt wurden. Das Land überzog ein Netz von herzoglichen Gutshöfen und Burgen, sogenannten Pfalzen, in denen der Herrscher Station machen, »Hof halten« konnte, wo sein Tross Unterkunft und Verpflegung fand. Überall dort wurde Recht gesprochen, wurden Verwaltungsanordnungen getroffen, die ihren Niederschlag fanden in zahlreichen Urkunden, in denen neben dem Ausstellungsdatum auch der Ort der Ausstellung dauerhaft festgehalten wurde.

Trotz einer derartig »fliegenden« Verwaltung bildeten sich im Lauf der Zeit bestimmte Hauptorte heraus, die der Herrscher bevorzugt aufsuchte, sei es, weil sie besonders verkehrsgünstig gelegen waren, die Versorgung der Gefolgschaft einfacher oder die Unterkunft besser war als anderswo. In Bayern traf das besonders auf Regensburg zu. Die ehemalige römische Garnisonsstadt verfügte noch über ihre starken antiken Mauern, die sich bereits in den Stürmen der Völkerwanderungszeit bewährt hatten. Deswegen hatten bereits die Agilolfinger-Herzöge Regensburg zu einer frühen Hauptstadt Bayerns gemacht. Dort stifteten sie wichtige zentrale Einrichtungen, dort wohnte ihre Familie und dort wurden nicht zuletzt auch die wichtigsten Verwaltungsunterlagen aufbewahrt.

Allerdings war die Herrschaft des Herzogs in Regensburg spätestens seit dem 12. Jahrhundert nicht mehr unangefochten. Der Bischof baute seine Einflussbereiche in der Stadt aus, ebenso die Bürger, die unter dem Schutz des Kaisers standen. Der Herzog, der ja ständig auf Reisen war, wurde sukzessive aus den Machtpositionen in seiner alten Hauptstadt verdrängt. Als im Jahr 1180 der Wittelsbacher Otto I. den Welfen Heinrich den Löwen auf dem Herzogsthron ablöste, war Regensburg schon auf dem Weg, eine Freie Reichsstadt zu werden; der Herzog blieb zunehmend »draußen vor der Tür« – in Kelheim, wo Otto I.

sein vorläufiges Hauptquartier errichtete. Ottos Sohn Ludwig I. schließlich musste nach dem Tod des Vaters zur Kenntnis nehmen, dass die alte Hauptstadt für den Herzog auf Dauer verloren war. Er verzichtete auf seine Rechte, Regensburg wurde reichsfrei und damit – von Bayern aus gesehen – »Ausland«.

Abgesehen von diesem Rückschlag waren die ersten Wittelsbacher auf dem bayerischen Thron sehr erfolgreich in ihrem Bemühen, aus dem mit zahllosen eigenständigen Adelsherrschaften durchsetzten bayerischen Fleckenteppich ein integriertes Territorium zu schaffen. Das allerdings brachte ein enormes Anwachsen von Verwaltungsaufgaben mit sich und hatte zur Folge, dass die herzogliche Kanzlei dringend auf einen zentralen Ort angewiesen war.

Gleichzeitig mit dem endgültigen Verlust Regensburgs machte sich deswegen Herzog Ludwig I. auf die Suche nach einem geeigneten Ort für eine neue Hauptstadt. Das wenige Jahrzehnte vorher von Herzog Heinrich dem Löwen gegründete München kam dafür nicht in Frage: Es war bei der Absetzung Heinrichs im Jahr 1180 an den Bischof von Freising zurückgefallen, lag überdies eher in der Peripherie des wittelsbachischen Territoriums. Es musste ein neuer, zentraler Ort gefunden werden, ein Ort mit herzoglichem Besitz, möglichst unbelastet durch Einflüsse und Rechte Dritter.

Ludwig fand diesen Ort an der mittleren Isar, wo der Fluss die Grenze bildet zwischen dem Bistum Freising und dem seines Erzfeindes, des Bischofs von Regensburg. In einem Gewaltakt zerstörte er 1204 die nahe bischöflich-regensburgische Straßburg und verlegte die Brücke samt lukrativen Zolleinnahmen wenige Kilometer flussaufwärts, wo sich unter einer alten herzoglichen Burg ein kleiner Burgflecken gebildet hatte. Beides, Burg und Stadt, erhielten nun einen neuen Namen, einen programmatischen Namen für die künftige bayerische Hauptstadt: »Hut des Landes«, »Landeshut«.

Die neue Stadt, deren Auf- und Ausbau einem eigens dafür eingesetzten herzoglichen Administrator unterstand, entwickelte sich rasant. Die großangelegte Burg Landshut (der Name »Trausnitz« kam erst im 15. Jahrhundert auf) war bereits 1235 so weit gediehen, dass sie Kaiser Friedrich II. mitsamt seinem riesigen Gefolge mehrere Wochen lang beherbergen konnte. In der darunterliegenden Stadt entstanden in wenigen Jahren ein erster Mauerring mit Türmen und Toren, eine große romanische Kirche für die zahlreichen Neubürger, ein Spital in unmittelbarer Nachbarschaft der neuen Brücke sowie eine Zisterzienserinnenabtei als neue herzogliche Grablege.

Bereits wenige Jahrzehnte nach ihrer Gründung wuchs die Stadt über die gerade erst gezogenen Grenzen hinaus, musste mehrmals erweitert werden. Der Erfolg spornte an: Ludwig und seine Nachfolger gründeten in den kommenden Jahrzehnten noch zahlreiche weitere Städte, sein Sohn, Otto II., brachte 1240 auch die Stadt München wieder in herzoglichen Besitz. Landshut aber blieb als alleinige Hauptstadt unangefochten. Das änderte sich erst mit der ersten bayerischen Landesteilung 1255, die eine weitere Hauptstadt für ein neues Teilherzogtum erforderlich machte. Den Rang als vornehmste bayerische Hauptstadt konnte die Stadt dagegen behaupten, bis sie nach dem Landshuter Erbfolgekrieg zur Zweit- und Thronfolgerresidenz herabsank.

1 Landesteilungen: Viermal Bayern

Die Geschichte des Spätmittelalters in Bayern ist eine Geschichte der Landesteilungen. Im Jahr 1255 teilten Ottos II. Söhne Ludwig II. und Heinrich XIII. ihr Herzogtum ein erstes Mal untereinander auf. Um die bisherige Hauptstadt Landshut formierte sich ein Teilherzogtum im bayerischen Unterland mit Herzog Heinrich. Herzog Ludwig erhielt die Rheinpfalz, einen kleineren Landesteil im Oberland und München als Residenz. Obwohl die Brüder nur vorhatten, den »Nießbrauch« ihres Herzogtums aufzuteilen, entwickelten sich die Landesteile künftig eigenständig: Es entstanden die Herzogtümer Niederbayern und Oberbayern, die schnell, zumindest was Recht und Verwaltung anging, ein eigenständiges Bewusstsein entwickelten.

Der Hausvertrag von Pavia

Am 4. August 1329 wurde im oberitalienischen Pavia der Vertrag über die Aufteilung Pfalz-Oberbayerns ausgefertigt. Darin trat Ludwig der Bayer den Söhnen seines Bruders Rudolf die Rheinpfalz ab, der mit dem bayerischen Nordgau wiederum ein Teil der altbayerischen Lande, die spätere »obere Pfalz« oder »Oberpfalz«, zugeordnet wurde. In dem Vertrag wurde festgelegt, dass die Kurwürde künftig abwechselnd von den oberbayerischen und pfälzischen Wittelsbachern ausgeübt werden sollte. Allerdings sprach wenige Jahre später die Goldene Bulle dieses Königswahlrecht ausschließlich der pfälzischen Linie zu. Der Kampf der altbayerischen Wittelsbacher um ihre angestammte Kur war ein wesentlicher Teil ihrer Politik bis ins 17. Jahrhundert. In einem weiteren Passus regelte der Hausvertrag auch die Erbfolge der wittelsbachischen Linien untereinander. Man kam überein, dass beim Aussterben einer der Linien im Mannesstamm die jeweils andere erben sollte. Töchter waren nicht erbberechtigt. Dieser Vertragsteil sollte am Ende des Landshuter Herzogtums besonders wichtig werden.

Bereits im Testament des Oberbayernherzogs Ludwig II. war festgelegt, dass dessen Teilherzogtum ein weiteres Mal unter seinen Söhnen Ludwig IV. und Rudolf I. geteilt werden sollte. Zunächst blieben die Brüder bei einer gemeinschaftlichen Regierung, 1329 aber – Ludwig war zwischenzeitlich Kaiser geworden – überließ er den Söhnen seines Bruders die Rheinpfalz und Teile des bayerischen Nordgaus.

DIE ERBEN DES KAISERS

Ludwig dem Bayern gelang zwar 1340, nachdem sämtliche niederbayerische Vettern erbenlos gestorben waren, die Wiedervereinigung Ober- und Niederbayerns, doch als er 1346 ein neues Landrecht für ganz Bayern erlassen wollte, stieß er bereits auf erheblichen Widerstand der selbstbewusst gewordenen niederbayerischen Stände. Darüber hinaus konnten sich Ludwigs sechs Söhne nach dem Tod des Kaisers auf keine gemeinsame Regierung einigen und teilten 1349 im sogenannten »Landsberger Vertrag« erneut. Der älteste, Ludwig V., nahm zusammen mit zwei jüngeren Brüdern München und Oberbayern, der zweitälteste Sohn, Stephan II., erhielt gemeinsam mit den Brüdern Albrecht I. und Wilhelm I. Landshut und Niederbayern. Dieses Niederbayern wiederum musste wenig später erneut aufgeteilt werden. Das Herzogtum Bayern-Straubing-Holland entstand.

Herzog Stephan II. behielt auch nach der Abtretung Straubing-Hollands keine glückliche Hand. Nach dem Tod seines Bruders Ludwig 1365 machte er sich daran, dessen oberbayerischen Landesteil unter seine Gewalt zu bringen, ohne die Rechte der dort mitregierenden jüngeren Brüder Ludwig VI. und Otto V. zu berücksichtigen, die ihrerseits aus dem Erbe Ludwigs des Bayern die Mark Brandenburg und Tirol besaßen. Darüber kam es zu jahrelangen erbitterten Auseinandersetzungen, an deren Ende schließlich das große Erbe Kaiser Ludwigs des Bayern zerfiel: Tirol fiel an die Habsburger, die Mark Brandenburg ging an die Luxemburger. Den aus Brandenburg heimkehrenden Otto V. musste Stephan II. 1373 als Mitregenten in Niederbayern anerkennen. Bayern allerdings war jetzt mit Ausnahme

Das Teilherzogtum Bayern-Straubing-Holland

Albrecht und Wilhelm konnten gegenüber ihrem älteren Bruder Stephan die Abtrennung ausgedehnter Besitzungen im Norden und Westen des Reiches durchsetzen: Der Hennegau, Holland, Seeland und Friesland waren reiche Territorien, die Kaiser Ludwig der Bayer für seine wittelsbachische Hausmacht erworben hatte. Ähnlich wie bei der Aufteilung Oberbayerns und der Pfalz im Hausvertrag von Pavia wurde 1353 im sogenannten »Regensburger Vertrag« diesen Gebieten ein kleiner Teil Bayerns mit der Hauptstadt Straubing zugeordnet. Nach dem frühen Tod seines Bruders regierte Albrecht I. auf Dauer von Den Haag aus. In Straubing, wo sich der Herzog nur selten blicken ließ, setzte er einen »Gubernator« ein, der die Geschicke des altbayerischen Teils seiner Herrschaft lenken sollte.

des Straubinger Ländchens und der oberen Pfalz wiedervereinigt und Landshut ein letztes Mal die alleinige Hauptstadt.

Als Stephans Söhne 1375 die Regierung antraten, verpflichteten sie sich, im Bewusstsein dessen, was diese Einheit gekostet hatte, das Land gemeinsam zu regieren. Sie wollten »ungetheilt miteinander sizen und bleiben« und versuchten, lediglich den Nießbrauch zu teilen: Der älteste Sohn, Stefan III., und Johann II., der jüngste, erhielten Oberbayern, der mittlere Sohn Friedrich mit dem Beinamen »der Weise« teilte sich mit seinem Onkel Otto V. die Einkünfte aus dem verbliebenen niederbayerischen Landesteil. Nach dessen Tod wurde er alleiniger Verwalter des Landes und zahlte seinen Brüdern zum Ausgleich eine jährliche Summe von 4000 Gulden.

Politisch gingen die drei Brüder indessen mehr oder weniger getrennte Wege: Während Johann sich um Bayern kümmerte, engagierten sich Stephan und Friedrich in der Reichspolitik und knüpften dynastische Verbindungen nach Italien und Frankreich: Bereits 1367 hatte sich Stephan mit Thaddea, einer Tochter des Mailänder Gewaltherrschers Barnabò Visconti, verehelicht, 1382 wiederum heiratete Friedrich in zweiter Ehe Maddalena Visconti, eine Nichte Barnabòs. 1385 schließlich gelang den Wittelsbachern mit der Hochzeit zwischen Stephans Tochter Elisabeth und dem französischen König Karl VI. ein großer Coup. Die italienischen und französischen Beziehungen, die in dieser Zeit aufgebaut wurden, beeinflussten die wittelsbachische Politik noch in der ganzen ersten Hälfte des 15. Jahrhunderts.

Isabeau de Bavière

Die Hochzeit zwischen Elisabeth von Bayern, französisch Isabeau de Bavière (wohl 1370–1435), und dem erst 17-jährigen französischen König Karl VI. fand am 17. Juni 1385 in Amiens statt. Elisabeths Onkel, Herzog Friedrich, der zu dieser Zeit in französischen Diensten stand, hatte die Hochzeit eingefädelt. Isabeau wurde zu einer der bedeutendsten, aber auch umstrittensten Herrscherinnen Frankreichs. Als ihr Gemahl, mit dem sie nicht weniger als zwölf Kinder hatte, 1393 aufgrund einer psychischen Erkrankung regierungsunfähig wurde, stieg sie zur Regentin Frankreichs auf. In der Folge kam es zu heftigen Auseinandersetzungen französischer Adelsparteien um die Macht. Isabeau wurde dabei zur ausschweifenden und gotteslästerlichen Fremdherrscherin und Verräterin Frankreichs stilisiert, die ihren eigenen Sohn Karl VII. von der Regierung abhalten wolle. Erst mit Hilfe von Jeanne d'Arc, der Jungfrau von Orléans, gelangte Karl VII. auf den französischen Lilienthron. Isabeau starb 1435 im burgundischen Exil.

Gegenüber den breitgefächerten und kostspieligen außenpolitischen Interessen der Brüder fühlte sich Johann zunehmend hintangesetzt. Er drängte immer mehr auf eine reale politische Teilung des Landes und versuchte sie schließlich mit Gewalt durchzusetzen. Am Ende trafen sich die drei Herzöge am 18. Oktober 1392 in Landshut und vereinbarten die Aufteilung des Landes. Ein Landschaftsausschuss aus 40 Adeligen und

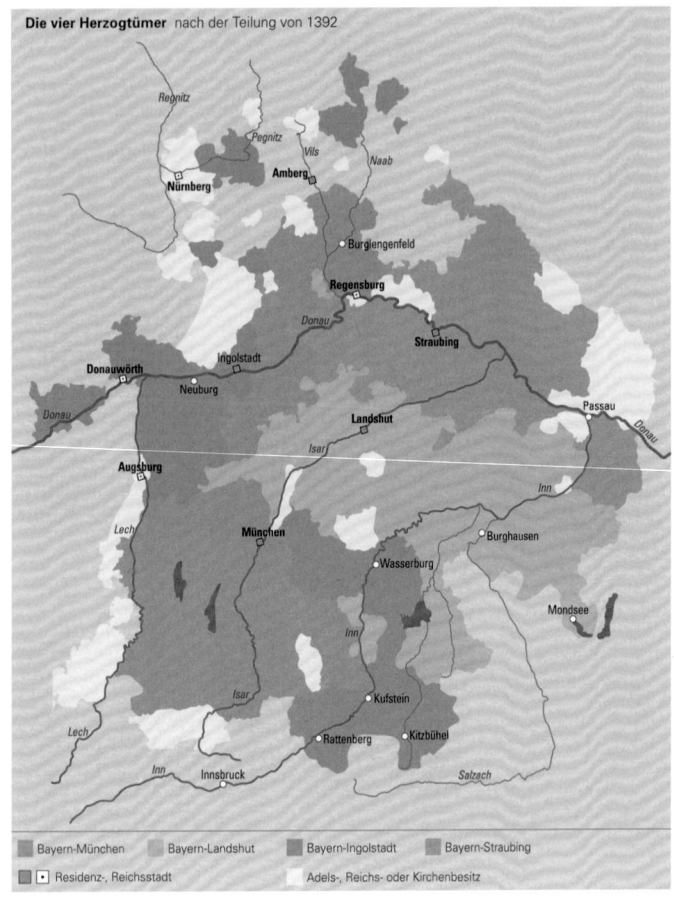

Regnitz

Pegnitz

Vils

Naab

Amberg

Nürnberg

Burglengenfeld

Regensburg

Donau

Straubing

Ingolstadt

Donauwörth

Neuburg

Donau

Passau

Landshut

Donau

Isar

Augsburg

Inn

Lech

München

Burghausen

Wasserburg

Mondsee

Inn

Isar

Kufstein

Lech

Rattenberg

Kitzbühel

Inn

Innsbruck

Salzach

■ Bayern-München	■ Bayern-Landshut	■ Bayern-Ingolstadt	■ Bayern-Straubing
■ • Residenz-, Reichsstadt		Adels-, Reichs- oder Kirchenbesitz	

Bayern nach der Teilung von 1392

16 Städtevertretern sollte die Einkünfte des Oberlands um München zu gleichen Teilen zwischen Stephan und Johann aufteilen. Das Unterland um Landshut, dessen Nießbrauch er bereits seit Jahren besaß, fiel endgültig an Friedrich.

Grundsätzlich, darauf legt der Vertrag ausdrücklich Wert, blieb es dabei, dass man die bayerischen Lande als unveräußerliches Eigentum des »Hauses Bayern« betrachtete. Jede der Vertragsparteien bekam zwar ihren Teil »zu nießen und zu be-

Neue Teilung

Neben das bereits existierende Bayern-Straubing traten 1392 also drei neue Teilherzogtümer: Bayern-Landshut, Bayern-München und Bayern-Ingolstadt. Am 19. November 1392 wurde die Teilung urkundlich vollzogen. Für Niederbayern bestimmt der Vertrag: »So ist unserm Bruder, Herzog Friedrich und seinen Erben das Land zu Niedern Bayern angefallen in solchem Maß, wie wir das besonders gegeneinander verbrieft haben.« Eigentlich handelt es sich daher nur um die Aufteilung Oberbayerns. Dabei erhielt der jüngste Bruder, Herzog Johann, den südlichen Teil mit der Hauptstadt München, dazu einige Ämter im sogenannten Nordgau, darunter Schwandorf, Burglengenfeld, Riedenburg, Vohburg, Pfaffenhofen und die verbliebenen Rechte in der alten Hauptstadt Regensburg. Stephan, der älteste Bruder, bekam die bei Wittelsbach verbliebenen tirolischen Ämter Rattenberg, Kitzbühl und Kufstein, dazu das Land um Wasserburg sowie Herrschaften aus der staufischen Erbmasse des 13. Jahrhunderts entlang der Donau und im Nordgau. Außerdem fiel ihm das Land um Ingolstadt zu, wo er seine neue Hauptstadt einrichtete. Insgesamt gesehen war Herzog Friedrich mit dem relativ geschlossenen, wohlhabenden Herrschaftsgebiet von Bayern-Landshut der absolute Gewinner der Teilung, Stephan III. dagegen eindeutig der Verlierer. Sein Bayern-Ingolstadt war nicht nur stark zersplittert, sondern auch das finanzschwächste aller Teilherzogtümer – ein Umstand, der noch jahrzehntelang für beträchtlichen Unfrieden sorgen sollte.

sitzen mit allem, was zu denselben Vesten, Städten, Schlössern, Herrschaften und Landen gehört«. Nur mit Zustimmung des Hauses und der Landschaft durften aber Teile davon verkauft werden. Die drei Aussteller verpflichteten sich überdies zu gegenseitiger Hilfe im Kriegsfall. Außerdem waren, wie schon bereits im Vertrag von Pavia festgelegt, nur legitime männliche Nachkommen in Ober- und Niederbayern erbberechtigt. Stürbe ein Herzog ohne eigene männliche Nachkommen, sollten sich die verbleibenden Linien das Erbe untereinander teilen. Pro forma also wurde auch diesmal die Einheit des gesamten wittelsbachischen Bayern aufrechterhalten. De facto aber entwickelte sich vor allem Friedrichs Niederbayern, was Verwaltung und Recht anging, künftig zu einem eigenständigen Land.

Herzog Friedrich von Bayern-Landshut konnte sein selbständiges Herzogtum nur ein Jahr genießen. Er starb am 4. Dezember 1393 in Budweis auf der Reise zu König Wenzel – ein herber Verlust für das Haus Wittelsbach. Friedrich war Vorsitzender eines Sechserausschusses gewesen, dem der kränkelnde König die Führung der Amtsgeschäfte des Reiches übertragen hatte, und wurde als aussichtsreichster Kandidat für Wenzels Nachfolge als König und Kaiser gehandelt. Der Landshuter Herzog, der später »der Weise« genannt wurde, galt auch als umsichtiger Förderer seines Landes. So hatte er aus dem Burgund neue Reben mitgebracht, mit deren Hilfe er dem Weinbau an der Isar rund um Landshut neue Impulse gab. Innenpolitisch aber zeichneten sich bereits in seiner Zeit heftige Auseinandersetzungen mit den reichen und selbstbewussten Bürgern seiner Städte ab; langjährige Streitigkeiten, die schließlich in den ersten Regierungsjahren seines Sohnes Heinrich ihren tragischen Höhepunkt erreichen sollten.

2 Herzog Heinrich der Reiche: »wult got«

UNTER VORMUNDSCHAFT

Als Herzog Friedrich der Weise 1393 starb, war sein Sohn Heinrich XVI. sieben Jahre alt. Sein bisheriges Leben hatte er zusammen mit seiner Mutter, der Visconti-Tochter Maddalena, vermutlich auf der Burg zu Burghausen verbracht, die später von ihm und seinen Nachfolgern systematisch zum Bayern-Landshuter Familiensitz ausgebaut wurde. Herzog Friedrich hatte wahrscheinlich kein Testament hinterlassen. Es besteht aber kein Zweifel, dass er seinen Sohn als legitimen Erben sah. Als Friedrich im Dezember 1392 die Privilegien der Stadt Landshut formal bestätigte, beteiligte er seinen Sohn daran. Weil der kleine Herzog noch kein eigenes Siegel besaß, hängte er das seines Vaters an.

Auch wenn Heinrichs Erbe formal nicht gefährdet war – sein junges Herzogtum selbst war es in hohem Maß. Besonders Heinrichs Onkel Stephan in Ingolstadt witterte Morgenluft: Er fühlte sich nach wie vor durch die Landesteilung benachteiligt und war darauf aus, den Vertrag zu revidieren, wenn nicht ganz rückgängig zu machen. Dem entgegen stand allerdings Herzog Johann in München, der genau das unter keinen Umständen wollte, aber keinesfalls ungeneigt schien, sich im Fall des Falles auch ein Stück vom offensichtlich herrenlosen Landshuter Kuchen abzuschneiden. Im Widerstreit solcher Interessen drohte das Herzogtum unter die Räder zu kommen, als die Onkel darangingen, die Vormundschaft über den siebenjährigen Heinrich zu übernehmen.

Noch bevor sich aber die Vormünder recht auf die neue Situation einstellen konnten, handelte die Herzoginwitwe Maddalena zusammen mit den niederbayerischen Landständen. Während es der politisch gewieften Italienerin darum ging, ihrem Sohn das Herzogtum zu sichern, fürchteten Adel, Städte und Märkte des Landshuter Herzogtums um ihre Rechte und Freiheiten. Einen Tag bevor der Münchner und der Ingolstädter Herzog die Vormundschaft antraten, huldigten die Landstände ihrem neuen Herzog Heinrich. In der Urkunde heißt es ausdrücklich, Adel, Klerus, Städte und Märkte hätten sich »zu ainander veraint und verpunden ... bey ainander ze bleiben und uns bey unserm fürstnthumb ze halten«.

Die Landstände und ihre Rechte

In der sogenannten »Ottonischen Handveste« vom 15. Juni 1311, der, wenn man so will, ersten »magna carta« Mitteleuropas, hatten die Landstände dem damaligen niederbayerischen Herzog Otto III. eine Notsteuer für das durch Kriege finanziell ausgeblutete Land gewährt. Im Gegenzug erhielten alle Grundherren, die Steuer zahlten, die niedere Gerichtsbarkeit und die daraus resultierenden Einnahmen. Damit waren Adel, Klerus, Städte und Märkte zu Partnern des Herzogs geworden, wirkten an der Verwaltung des Landes mit und bewilligten auf den sogenannten Landtagen jede neue Steuer. Bereits unter Kaiser Ludwig dem Bayern hatten sich deshalb die niederbayerischen Landstände gegen ein neues herzogliches Landrecht gewehrt, das ihre Kompetenzen eingeschränkt hätte. Ludwigs Landrecht blieb so auf Oberbayern beschränkt. Diesen Status quo hatten sie auch bei der Landesteilung von 1392 gewahrt wissen wollen. Die Herzöge konnten nur handeln »mit willen gunst und rat aller unser getrewn grafen, freyen lantherrn, ritter und knecht, stet und margkt«. Niederbayern war durch diese Entwicklung längst nicht mehr nur eine Privatangelegenheit des Fürstenhauses, sondern gewissermaßen ein verfasster »Staat« geworden, über dessen Schicksal mehrere staatliche Organe entschieden. Daraus entwickelte sich bald eine Art niederbayerisches staatliches Bewusstsein, das bis in die Zeit des Absolutismus lebendig blieb. Die letzten Reste dieser uralten Verfassung wurden erst 1848 mit der Abschaffung der Hofmarkgerichtsbarkeit in Bayern beseitigt.

Letztlich wurde für Heinrich ein Vormundschaftsrat gebildet, dem außer den Herzögen aus München und Ingolstadt noch Heinrichs Mutter Maddalena und der niederbayerische Adelige Oswald Törring zu Stein angehörten. Törring war bisher bereits Vitztum (= Vicedominus), eine Art herzoglicher Statthalter, in Niederbayern gewesen und sollte nun dafür sorgen, dass die Positionen der Bayern-Landshuter Stände unter der Vormundschaftsregierung gewahrt blieben. Solange die oberbayerischen Herzöge untereinander uneins waren, sich sogar – immer noch stand die Benachteiligung Stephans III. bei der Landesteilung im Raum – gegenseitig mit Krieg überzogen, war das nicht schwer.

Die Situation änderte sich erst Mitte 1395, als sich der Ingolstädter und der Münchner samt ihren Söhnen plötzlich verständigten. Krieg und auswärtige politische Abenteuer hatten ihre finanziell ohnehin prekären Territorien endgültig ausbluten lassen. Einen Ausweg versprach in ihren Augen das potentiell reiche bayerische Unterland. Im November 1395 legten die Herzöge ihre oberbayerischen Landesteile zusammen, da »dieselb tailung nicht als nutzlich gewesen ist«, und machten unmissverständlich klar, dass für sie die Landesteilung von 1392 gegenstandslos war. Allerdings verbot es sich zunächst von selbst, das Vorhaben gegen den Widerstand der niederbayerischen Landstände durchzusetzen. Militärische Operationen kosteten Geld – und das war nicht vorhanden. Ihnen blieb vorerst nur, den unmündigen kleinen Herzog Heinrich in all ihre Bündnisse und Verträge mit aufzunehmen und damit rechtliche Fakten zu schaffen.

Wiederum schlagartig änderte sich die Situation, als Mitte 1397 Johann II. starb. Jetzt erbten Bayern-München dessen Söhne Ernst und Wilhelm, die absolut kein Interesse hatten, sich die Herrschaft, wenn auch in einem größeren Territorium, mit dem zupackenden Ingolstädter und seinem Sohn zu teilen. Es kam erneut zu heftigen oberbayerninternen Auseinandersetzungen. In der Folge entspannte sich die Situation für Bayern-Landshut deutlich. Die Einigkeit zwischen der Landshuter Herzoginwitwe und den niederbayerischen Landständen hatte sich ausgezahlt.

Der niederbayerische Panther

Schon hundert Jahre vor Heinrich hatten die niederbayerischen Wittelsbacher den aus einem alten Adels-
wappen stammenden Panther zu ihrem Wappentier gemacht. Nun lebte das Pan-Thier, ein Fabelwesen, wieder
im Siegel des niederbayerischen Vitztums und Vor-
munds des jungen Herzogs, Oswald Törring, auf. Da
Heinrich noch kein eigenes Siegel besaß, verlieh in der
Zeit seiner Unmündigkeit dieser Panther seinen Urkunden Rechtskraft – ein Zeichen dafür, wie sehr die niederbayerischen Landstände auf die Eigenständigkeit
Bayern-Landshuts pochten. Noch heute findet sich der
Panther im Wappen von Niederbayern. Im großen bayerischen Staatswappen steht er sogar für die beiden Re-
gierungsbezirke Ober- und Niederbayern, während der
bayerische, ursprünglich pfälzische Löwe die Oberpfalz
repräsentiert.

EIN AUSGEPLÜNDERTER HERZOG

Zu Beginn des Jahres 1401 war Heinrich XVI. nach uraltem
Recht mündig geworden und wurde vom Kaiser offiziell mit
dem Herzogtum Bayern-Landshut belehnt. Ab jetzt wurde der
junge Herzog nach und nach aus der Vormundschaft entlassen.
Den Vormundschaftsrat dominierten nun niederbayerische
Adelige; Stephan III. von Bayern-Ingolstadt wurde von seinen
diesbezüglichen Aufgaben entbunden. Nur die Münchner Herzöge Ernst und Wilhelm behaupteten vorläufig ein Mitspra-
cherecht. Auf Vermittlung von König Ruprecht, einem Pfälzer
Wittelsbacher, legten die oberbayerischen Herzöge schließlich
1402 ihren alten Streit bei und einigten sich darauf, zum Teilungsvertrag von 1392 zurückzukehren.

Um ihr Herzogtum überdies dynastisch nach außen abzusichern, sorgte Herzoginwitwe Maddalena dafür, dass die beiden Schwestern Heinrichs verheiratet wurden. Die ältere Elisabeth (1383–1442), die »schöne Else«, wurde 1401 die Frau des
Burggrafen Friedrich von Nürnberg, des nachmaligen Kurfürsten von Brandenburg. Die jüngere Magdalena (1388–1410) hei-

ratete 1403 Johann Meinhard, den Grafen von Görz und Tirol. Heinrich musste sich dafür zu jeweils 25 000 Gulden Mitgift verpflichten – Geld, das er nicht hatte und das sein unter Vormundschaft, gelinde gesagt, mehr schlecht als recht verwaltetes Herzogtum nicht hergab. Er musste eine Reihe von Herrschaften verpfänden, seine Mutter Maddalena verpfändete sogar zahlreiche Wertgegenstände bei Regensburger Juden. 1404 starb die Herzoginwitwe, kurz nachdem Heinrich volljährig geworden war.

Der mittlerweile 17-jährige Herzog konnte jetzt selbständig siegeln und bei ausgesuchten Rechtsgeschäften auch mit seiner berühmten persönlichen Devise unterzeichnen: »h(erzog) h(einrich) wult got« – vielleicht eine Reverenz an den letzten Herrn, den er noch über sich zu dulden hatte: Vater und Mutter waren tot, seine Vormünder war er los. Heinrich war jetzt auf sich allein gestellt – und saß auf einem Schuldenberg.

Schulden hatte Heinrich bereits von seinem Vater Friedrich geerbt, der seine weitgespannten politischen Aktivitäten aus dem Herzogtum finanzierte. Während der Vormundschaftsregierung waren die Verpflichtungen darüber hinaus gewaltig angewachsen. Als Hauptgläubiger traten die landständigen Adeligen auf, die über gesicherte Einnahmen aus ihren Hofmarken verfügten und es verstanden, mithilfe der verpfändeten herzoglichen Herrschaften ihre Machtpositionen im Land und ihren Einfluss am Herzogshof weiter auszubauen. Mit einem Abstand von rund hundert Jahren beschreibt der große bayerische Geschichtsschreiber Johannes Aventinus den Vorgang in seiner »Bayerischen Chronik« so:

Hertzog Heinrich von Landshut hett also jung seinen Vatter Hertzog Friedrichen, auch seine Mutter verloren. Dieweil er noch unvogtbar war understunden sich etlich vom Adel ... wenig deß Regiments ... Die vergaßen ir selbst nicht. Sie wurden reich, der Fürst wurd arm. War kein gelt da, wurden alle ämpter versetzt.

Aventin überliefert eine sagenhafte Anekdote, die schildert, wie Heinrich selbst später die Zeit seiner Vormundschaftsregierung sah. Hanns Haller hat sie für seine Landshuter Sagensammlung »Das Turmkränzlein« nacherzählt:

Der junge Heinrich XVI. (...) erzählte seinen Freunden auf der Jagd einmal von der Zeit, als für ihn noch die Vormünder regierten. Und da kam eben ein Kröninger Geschirrhändler gefahren. Der Herzog ließ ihn halten, kaufte ihm seine Ladung ab und ließ die Töpferwaren der Reihe nach auf die Erde legen. Dann ging Heinrich XVI. zum ersten Gefäß, einem irdenen Krug, neigte sich zu ihm nieder und sagte: »Wem gehörst du?« Da der Krug keine Antwort gab, sprach der Herzog an seiner Statt und sagte: »Euer Gnaden, dem Herrn Herzog gehör ich!« Da hob Heinrich XVI. seinen Stock und schlug den schönen Krug in Scherben. Dann ging er zum nächsten Gefäß, einer großen Schüssel, und sprach dazu: »Wem gehörst du?« Und da die Schüssel nicht redete, sprach der Herzog für sie: »Ich gehöre Ihrer Gnaden, dem Herrn Regenten und Vormund!« Da verbeugte sich Heinrich XVI. vor der Schüssel und zog tief den Hut. So ging er von einem Gefäß zum anderen, spielte vor jedem sein Theater und schlug es zusammen oder dienerte davor. Die Hofleute in der Runde wußten nicht, was sie von dem Treiben halten sollten. Als der Herzog zu Ende gekommen, wagten sie zu fragen. »Ich hab euch meine Vormünder vorgeführt«, entgegnete er ihnen, »wie sie mit meinem Eigentum und wie sie mit dem ihren umgingen. Die Herren Regenten wurden fett dabei, mein Land und Eigen aber haben sie schier zugrunde gerichtet«. So war es, wie der Herzog jung war. Als er alt war, hatte er so viel Gold in den Türmen, daß man die Trausnitz mit Dukaten hätte beschlagen können.

Erst 1410 hatte Heinrich die Mitgiften für seine Schwestern vollständig ausgezahlt, blieb aber weiterhin hoch verschuldet. Das erklärt sicher die Entschlossenheit, mit der er nach der Übernahme der Herrschaft in seinem Herzogtum daranging, vom armen Waisenknaben zum Reichen Herzog zu werden.

DIE LANDSHUTER BÜRGERVERSCHWÖRUNG

Als eine große »Baustelle«, im wörtlichen, wie im übertragenen Sinn, scheint dem jungen Herzog zunächst vor allem seine Hauptstadt Landshut vorgekommen zu sein. Die Stadt war im 14. Jahrhundert reich, selbstbewusst und relativ unabhängig geworden. Doch von dem Reichtum hatte der Herzog nichts. Die von Heinrichs Vorgängern großzügig privilegierten Bürger zahlten seit Jahren keine Steuern mehr. Seit 1389 bauten sie als Ersatz für die alte romanische Martinskirche an dem großen spätgotischen Münster, seit Beginn des 15. Jahrhunderts noch an der zweiten Pfarrkirche St. Jodok, die ein Brand zerstört hatte, und an einer neuen Spitalkirche.

Die Landshuter Bauhütte

Landshut wurde in dieser Zeit das städtebauliche Zentrum des Landes. Das Vorbild der Landshuter Bauhütte strahlte weitum aus in ganz Süddeutschland. In der Bauhütte entstand die Architektursprache, die bis heute zahlreiche kleine Dorf- und viele große Stadtkirchen, nicht zuletzt die Münchner Frauenkirche, prägt. Sogar noch ein so entferntes Werk wie die Spitalkirche in Meran zeigt deutliche Landshuter Einflüsse. Künstlerischer Kopf der Bauhütte war zu Beginn des 15. Jahrhunderts der Parler-Schüler Hans von Burghausen. Sein Grabmal an der Landshuter Martinskirche listet die Werke auf, für die er persönlich verantwortlich war: St. Martin und Heilig Geist in Landshut, außerdem die großen Stadtkirchen in Straubing, Neuötting, Wasserburg und die Franziskanerkirche in Salzburg.

Trotzdem scheint Heinrich seine Hauptstadt im ersten Jahrzehnt nicht mehr repräsentativ genug gewesen zu sein. Von 1402 bis 1412 stieß er eine Reihe von Umbauprojekten an: Pflasterung, Verbot von Erkern und anderen Anbauten an den Altstadthäusern, Vergrößerung des Burgfriedens, Abbruch der sogenannten Judengasse, Verlegung des Judentors und schließlich Abbruch kleinteiliger Bauten im großen Straßen-

Epitaph des Hans von Burghausen an der Landshuter Martinskirche

zug der Altstadt, samt den Fleisch- und Brotbänken und dem ehemaligen Rathaus der Stadt. Anfangs scheinen die Bürger diese Vorhaben noch willig mitgemacht zu haben, auch wenn die Finanzierung, gleichzeitig mit den umfangreichen Kirchenbauten, nicht leicht gewesen sein muss. Der Herzog selbst konnte keine Mittel aufbringen. Für die Pflasterung immerhin hatte Heinrich noch einen Pflasterzoll genehmigt; auch die Vergrößerung des Burgfriedens schlug auf die Habenseite. Aber als 1407 das Verbot von Erkern und dergleichen an ihren eigenen Häusern kam, scheint bei den Landshutern das Maß voll gewesen zu sein.

Extrem negativ für das Verhältnis zwischen Herzog und Bürgern war die Tatsache, dass Heinrich sich bei seiner Regierungsübernahme geweigert hatte, die althergebrachten Rechte und Privilegien der Stadt zu bestätigen, so wie das von jeher der Brauch war. Zusammen mit seinem Vater Friedrich hatte der sechsjährige Heinrich 1392 ja selbst noch eine entsprechende Urkunde gesiegelt. Die Gründe für diese Verweigerung dürften vielfältig gewesen sein. Heinrich hatte in den letzten Jahren seiner Unmündigkeit erlebt, wie die Bürger von München gegen ihre Herzöge aufbegehrt, sie zeitweise sogar aus der Stadt vertrieben hatten. Auch in Passau gab es in den ersten Jahren des 15. Jahrhunderts einen Aufstand gegen den dortigen Stadtherrn, den Bischof, den Heinrich niederschlagen half. Dazu kam, dass der Landshuter Herzog in den ersten Jahren seiner Regierungszeit nach wie vor mit Hilfe eines Beraterkreises von niederbayerischen Adeligen regierte, die wiederum in den aufstrebenden reichen Bürgern eine bedrohliche Konkurrenz sahen.

Zum Eklat kam es, als sich die Landshuter wegen der Nichtanerkennung ihrer Rechte an den Römischen König wenden wollten. Heinrichs adelige Räte nutzten die Situation geschickt und malten das Gespenst einer Bürgerverschwörung an die Wand. Der politisch unerfahrene Herzog glaubte handeln zu müssen. Er lud am 24. August 1408 um die vierzig führende Landshuter Bürger unter einem Vorwand auf seine Burg, ließ sie verhaften, aus der Stadt verbannen und einen Großteil ihrer Vermögen einziehen: ein warmer Regen für die chronisch leere Staatskasse.

Doch die Bürger ließen sich nicht so schnell einschüchtern. In der Karfreitagsnacht des Jahres 1410 trafen sich eine Reihe von Handwerkern und einige der vertriebenen Ratsmitglieder in Dietrich Röckls Haus neben dem herzoglichen Zollhaus, der heutigen Residenz. Ob es dabei wirklich nur um eine Beratung ging oder ob es sich tatsächlich um eine Verschwörung handelte, darüber sind sich die Chronisten uneinig. Aventinus berichtet, die untreue Ehefrau Röckls habe die Versammlung ihrem Liebhaber, einem Adeligen am Hof, verraten. Diesmal statuierte Heinrich jedenfalls ein blutiges Exempel. Er sammelte seine Schergen und sprengte die Versammlung. Etliche konnten flüchten, viele aber mussten über die Klinge springen, wurden geblendet und verbannt, ihre Vermögen eingezogen. »Daher hat Hertzog Ludwig von Ingelstatt … Hertzog Heinrichen ein Bluthund gescholten«, schreibt Aventinus dazu.

Der Chorherr Andreas von Regensburg, ein unmittelbarer Zeitgenosse, beschreibt in seiner lateinischen Chronik, die Bürger hätten den Herzog sogar direkt bedroht:

Deswegen erhebt sich zwei Jahre später am Karfreitag ein Aufruhr in der genannten Stadt. Ein Teil (der Bürger) greift die dortige Burg an, kehrt aber unverrichteter Dinge wieder in die Stadt zurück. Deswegen hat der Herzog viele Unglückliche zum Tod verurteilt, andere ins Exil geschickt. Der eigentliche Grund dieser Sache war aber, wie man sagt, der Hass der Adeligen auf die Bürger, aber auch die Anmaßung und der Stolz der Bürger.

Heinrich bereute sein hartes Vorgehen gegen die Landshuter Bürger angeblich wenige Jahre später. Der Chronist Veit Arnpeck schreibt mit dem Abstand von rund 80 Jahren in seiner lateinischen Chronik: »Wegen dieser Tat aber hat er sich später, als sie ihm auf dem Konzil von Konstanz vorgeworfen wurde, wegen seiner Jugend entschuldigt; und er litt heftig daran.« Die wirkliche Einsicht, dass sein durchaus jähzorniger

Charakter ein gerüttelt Maß zu der Misere beigetragen hat, scheint ihm aber auf dem Konstanzer Konzil (1414–1418) noch nicht gekommen zu sein. Denn dort machte er seinem Ruf als »Bluthund« und »Pluetvergießer« erneut alle Ehre.

Zunächst aber heiratete Heinrich 1412 Margarete von Österreich. Bereits 1405 hatten sich die beiden verlobt. Die Mitgift sollte 28 000 Gulden betragen. Margarete war die Schwester Albrechts IV. von Österreich, mit dem sich der Landshuter Herzog bereits 1411 auf zehn Jahre verbündet hatte. Schon unmittelbar nach seinem Regierungsantritt hatte er das Konzept eines weitgespannten regelrechten Bündnissystems mit seinen südlichen Nachbarn, darunter auch den Hochstiften Passau und Salzburg, entwickelt, das sich eindeutig gegen den Ingolstädter Herzog richtete. Dort war 1413 Stephan III., der alte Herzog, gestorben. Sein Sohn Ludwig VII., genannt »der Bärtige«, verfolgte nach wie vor das große Ingolstädter Thema, den »Ausgleich« dafür, dass sein Herzogtum bei der Landesteilung zu kurz gekommen war.

1414 vereinigte sich Heinrich deswegen mit seinen Wittelsbacher Verwandten zur sogenannten »Kelheimer Sittichgesellschaft«. Der eigenartige Name dieses Ritterbunds war mit Bedacht gewählt – als Gegenstück zu Ludwigs VII. Wappentier, dem St.-Oswald-Raben. Mitglieder waren die Münchner Herzöge Ernst und Wilhelm und der Pfalzgraf Johann von Neumarkt (Oberpfalz). Mit dieser »freintlichen gesellschaft« kreisten die Fürsten das Territorium des Ingolstädter Herzogs ein.

HEINRICHS MORDANSCHLAG AUF LUDWIG VON INGOLSTADT

1414 begann auf Betreiben des Königs das Konzil von Konstanz, bei dem es neben Fragen rund um Verkündigung und Sakramentenlehre vor allem um die Beseitigung des Großen Abendländischen Schismas gehen sollte. Das Schisma war eine Kirchenspaltung, in deren Verlauf sich drei Päpste um den Primat in der römischen Kirche stritten und die letztlich den Bestand des Reiches gefährdete. Mit zum Thema gehörte aber auch eine dringend notwendige innerkirchliche Reform, weshalb der böhmische Prediger und Reformator Jan Hus geladen war. Das Konzil hatte Hus freies Geleit zugesichert, ein Versprechen, das schließlich auf spektakuläre Weise gebrochen wurde: Hus wurde der Prozess gemacht; er wurde schließlich am 6. Juli 1415 als Ketzer verbrannt. Sein Tod war Auslöser der berüchtigten »Hussitenkriege«, unter denen vor allem Teile der Oberpfalz, des Bayerischen Waldes bis hinein ins Straubinger Land zu leiden hatten.

König und Reichsfürsten nutzten das Konzil aber auch, um weltliche Themen zu verhandeln; zweimal (1415 und 1417) wurden während des Konzils offizielle Reichstage in Konstanz abgehalten. Zu diesem Zweck reiste Heinrich XVI. gemeinsam mit seinen Münchner Vettern im Januar 1415 an den Bodensee. Zwei Monate später zog Ludwig von Ingolstadt an der Spitze der französischen Konzilsgesandtschaft mit großem Pomp und Gefolge in Konstanz ein.

Schnell zeigte sich, dass der Ingolstädter auch dieses Forum für die endliche Durchsetzung seiner Ausgleichsansprüche nutzen wollte. Heinrich und die Münchner Herzöge nahmen das zum Anlass, ihr Bündnissystem zur sogenannten »Konstanzer Liga« zu erweitern, einem Militärbündnis, das auf Lebzeiten Ludwigs VII. gelten sollte und dem mit dem Heidelberger Pfalzgrafen Ludwig und dem Burggrafen Friedrich von Nürnberg jetzt alle wichtigen Nachbarn des Ingolstädters angehörten.

Der Landshuter arbeitete daneben an seinem guten Verhältnis zu König Sigismund, denn der hatte deutlich gemacht, dass er den Ingolstädter Ausgleichsstreit vor sein Hofgericht ziehen wollte. Am 19. Juli 1417 war es so weit: Das Hofgericht verhandelte und Ludwig scheiterte grandios. Das Gericht befand, dass Ludwig keinerlei Ansprüche auf Ausgleich aus dem Teilungsvertrag von 1392 mehr habe. Im Anschluss an die Verhandlung kam es zum Eklat. Ludwig beschimpfte Heinrich wüst, nannte ihn einen »Blutvergießer«, einen »Verletzer des Landfriedens«, der Räuber und Mörder beherberge, und schließlich – Gipfel aller Ehrverletzungen – bezweifelte er noch Heinrichs standesgemäße Geburt, nannte ihn »Sohn eines

Ludwig der Bärtige von Bayern-Ingolstadt
(wohl 1368–1447)

Ludwig VII. war, ebenso wie Heinrich XVI., ein Enkel des Mailänder Gewaltherrschers Barnabò Visconti, worauf viele Geschichtsschreiber die hitzige Art zurückführen, die beide bis zu ihrem Lebensende zu Todfeinden machen sollte. Der politisch hochbegabte Ingolstädter, knapp zwanzig Jahre älter als sein Landshuter Vetter, trug nach französischer Mode einen Bart; ein Umstand, der damals für einen deutschen Fürsten so ungewöhnlich war, dass er zu seinem Beinamen »der Bärtige« führte. Der »Bruder der französischen Königin« (Isabeau de Bavière, s.o.), wie er sich sein Lebtag lang stolz bezeichnete, hielt sich wiederholt und für lange Zeit am Pariser Königshof auf, wo er aufgrund der Geisteskrankheit seines Schwagers, König Karls VI., de facto zum Regenten Frankreichs aufstieg. Mit großen Summen französischen Geldes ging er daran, seine Hauptstadt Ingolstadt zu einer prächtigen Residenz auszubauen. Das dortige »Neue Schloss« sowie das Münster »Zur Schönen Unseren Lieben Frau« gehen vermutlich auf eigene Entwürfe des Herzogs zurück. Die neue Kirche konzipierte er als herzogliche Grab- und Gedächtniskirche, die er prächtig mit zahlreichen Stiftungen ausstattete. Dort sollten 1000 bezahlte »Pfründner« Tag und Nacht ohne Unterlass für sein Seelenheil und das seiner Vorgänger und Nachfolger beten. Die Stiftungen Ludwigs wurden später zugunsten der Ingolstädter Universität säkularisiert. Der eigenartige Name des Ingolstädter Münsters geht auf das Gnadenbild der »schönen unseren lieben Frau« zurück, das Ludwig zusammen mit zahlreichen anderen Pretiosen von unschätzbarem Wert aus Frankreich mitbrachte. Eines der wenigen dieser Kleinodien, das die Zeiten überdauert hat, ist das berühmte »Goldene Rössl«. Es wanderte nach dem Landshuter Erbfolgekrieg in den Stiftsschatz von Altötting.

Kochs«. Dass die beiden nicht sofort aneinandergerieten, ist nur dem Burggrafen von Nürnberg zu verdanken, der Heinrich rechtzeitig zur Tür hinausschob. Der Landshuter allerdings sann auf Rache. Er ritt heim, sammelte fünfzehn seiner Getreuen und lauerte Ludwig vor seiner Herberge auf, als dieser zwischen zehn und elf Uhr abends nach Hause kam. Mit den Worten »sint du nichts als Fechten willst, wart, dir soll des Fechtens noch satt werden« ging er mit dem Schwert auf Ludwig los und verletzte ihn angeblich lebensgefährlich, bevor er mit seinen Begleitern aus der Stadt flüchtete.

Der Mordanschlag galt als Verletzung des Konzilsgeleits, weshalb Heinrich mit schwerwiegenden Konsequenzen bis hin zur Reichsacht und dem Verlust seines Herzogtums rechnen musste. Hier zahlte sich aus, wie gut er mittlerweile vernetzt war. Seine Verbündeten setzten sich beim König für ihn ein. Mochte Ludwig VII. auch klagen, »der fahrige Mörder Heinrich, des sich nennt von Baiern«, müsse streng bestraft werden – ein halbes Jahr später begnadigte König Sigismund den Landshuter Herzog mit dem Hinweis auf seine Jugend (Heinrich war immerhin schon Anfang dreißig) und die Beleidigungen Ludwigs, die der Tat vorausgegangen waren.

Aus dem Streit zwischen beiden Vettern war eine lebenslange Todfeindschaft geworden. Ludwig ließ Heinrich nachhaltig verfolgen und nachstellen, strengte auch weitere Prozesse an, seine Bemühungen aber blieben erfolglos – Heinrich entzog sich geschickt und Ludwig wurde zunehmend als Unruhestifter wahrgenommen. Jetzt traten auch die Grafen von Öttingen, die Bischöfe von Eichstätt und Regensburg sowie die Reichsstädte Dinkelsbühl, Nördlingen, Bopfingen, Rothenburg und Weißenburg der Konstanzer Liga bei.

DER KONFLIKT MIT KASPAR VON TÖRRING UND DER »BAYERISCHE KRIEG«

Offensichtlich bereits in der Auseinandersetzung mit den Landshuter Bürgern war Heinrich klar geworden, wie stark der niederbayerische Adel spätestens in seinen Kinder- und Jugendjahren geworden war und wie sehr das seinen alleinigen

Herrschaftsanspruch im Land gefährdete. Seit 1356 beispielsweise besaß das bayerische Hochadelsgeschlecht der Törring zu Törring (Heinrichs Vormund Oswald von Törring entstammte einem Nebenzweig dieser Familie) das Erbjägermeisteramt in Niederbayern.

Es war ein – wie der Name sagt – vererbliches Amt, dessen Inhaber unter anderem die Hofjagden zu organisieren hatte, die Gerichtsgewalt über das gesamte Jagd- und Forstwesen und das dafür zuständige Personal ausübte und dem herzoglichen Rat angehörte. Verbunden war das Amt mit dem Recht der Jagd auf Hochwild, das sonst allein dem Herzog vorbehalten war. Der Erbjägermeister stand diesbezüglich also auf Augenhöhe mit dem Herzog, mehr noch: Die Hunde des Erbjägermeisters wurden nach der Jagd sogar noch vor den herzoglichen Hunden abgefüttert. Eine solche Rangordnung mutet heute kurios an, damals aber war sie ein für jedermann sichtbares Zeichen dafür, dass die Macht des Landesherrn nicht unbeschränkt war.

Heinrich seinerseits hegte eine, wie der Geschichtsschreiber Veit Arnpeck schreibt, »gar gross lieb zu dem rotwild und liess das gar wenig fahen (= fangen, jagen), darumb ward des wild unsäglich vil, das jederman gar vil schaden tet an irem traid (= Getreide) und anderen früchten«. Kein Wunder, dass er sich mit dem mächtigen Kaspar von Törring zu Törring, der zu seiner Zeit Erbjägermeister war, ins Gehege kam. Der Landshuter Herzog, der nun auch den Adel in die Schranken weisen wollte, beschloss, bei Törring damit anzufangen.

1413 ließ er, ohne auf einen Anlass zu warten, Törrings Jäger samt seinen Hunden festnehmen. Damit war Kaspar von Törring von einem Tag auf den anderen die Möglichkeit entzogen, seine Rechte und Pflichten, die sich aus dem Amt ergaben, tatsächlich auszuüben. Der Erbjägermeister wollte sich natürlich nicht damit zufrieden geben, dass sein Amt nur noch ein Titel ohne Mittel sein sollte, und strengte allerhand Prozesse an. Heinrich aber verwehrte ihm eine Klage vor dem herzoglichen Hofgericht, und auch beim Kaiser, auf dem Konstanzer Konzil, fand Törring kein Gehör. So initiierte er 1416 zusammen mit

Auf einem Glasfenster seiner Jagdkirche Jenkofen hat sich Heinrich der Reiche in voller Rüstung darstellen lassen. Zu Füßen des Herzogs und der Heiligen ist seine in Bänder gerahmte Devise zu sehen: »h(einrich) wult got«.

zwei Dutzend Standesgenossen, die alle einen zu mächtigen Landesherrn fürchteten, den Bayerischen Adelsbund.

In den ersten Jahren seines Bestehens war der Adelsbund nichts weiter als eine auf fünfzehn Jahre beeidete Absichtserklärung, gemeinsam die althergebrachten Adelsrechte gegenüber dem Herzog zu sichern. Kaspar von Törring versuchte weiter, sich mit dem Herzog gütlich zu einigen. Erst 1419, sechs Jahre nach dem Übergriff auf Jäger und Hunde, kündigte er dem Herzog enttäuscht seinen Dienst auf, für den er bereits seit Jahren kein Salär mehr erhalten hatte, und aktivierte den Adelsbund. Bereits im Januar 1420 hatte der Bund ein neues, überaus prominentes Mitglied: Herzog Ludwig VII. von Bayern-Ingolstadt.

Es war nur eine Frage der Zeit, bis sich die über Jahre aufgestaute Spannung zwischen Heinrich und seinen Verbündeten der Konstanzer Liga einerseits und dem weitgehend isolierten Ingolstädter andererseits in einem Krieg entladen würde. Ludwig VII. und seine Gegner im Lager Heinrichs hatten den Krieg seit langem schon kommen sehen und entsprechende Vorbereitungen getroffen. Im März 1420, mit dem Adelsbund endlich auch mit einem nicht uninteressanten Bündnispartner im Rücken, hielt der Ingolstädter die Zeit für gekommen. Um die Umklammerung durch die Verbündeten des Landshuters zu durchbrechen, griff Ludwig auf dem Nordgau an. Militärischer Höhepunkt des ersten Kriegsjahrs war die Brandschatzung der in unmittelbarer Nachbarschaft zur Kaiserburg gelegenen Nürnberger Burggrafenburg durch Herzog Ludwigs Sohn.

Heinrich verhielt sich vorerst abwartend. Er hatte dem Kaiser nach dem Konstanzer Überfall geschworen, Frieden zu halten, und wollte sich mit einem vorzeitigen Kriegseintritt nicht ins Unrecht setzen.

Mit der allerdings nur vordergründigen Neutralität aber war es vorbei, als Ludwig im Februar 1421 mit Neustadt an der Donau eine Stadt im Herzogtum Bayern-Landshut plündern und brandschatzen ließ. Jetzt hatten Heinrich und seine Münchner Vettern endlich einen hieb- und stichfesten Kriegsgrund. Während sich die Mitglieder der Liga darauf konzentrierten, wichtige Stützpunkte Ludwigs zu erobern, verlegten sich der Ingolstädter und die Mitglieder des Adelsbunds vor allem auf Verwüstungszüge auf dem Land. Hinter dem Überfall auf Neustadt vermutete Heinrich seinen ehemaligen Erbjägermeister Kaspar von Törring – jetzt konnte er quasi alle Probleme in einem Aufwasch erledigen. Er zog in den Rupertiwinkel, ließ die Stammburg der Törrings erobern, plündern und niederreißen. Der gesamte Törring'sche Besitz wurde beschlagnahmt und die Steine der geschleiften Burg auf der Burg zu Burghausen wiederverwendet, wo Heinrich damit einen Turm erbauen ließ, »Neu-Törring« genannt.

Törring selbst musste, völlig mittellos geworden, in die Freie Reichsstadt Regensburg flüchten. Jahrelang versuchte der unglückliche Erbjägermeister noch zu seinem Recht zu

Noch heute erinnert in Hoflach bei Alling (Landkreis Fürstenfeldbruck) eine Votivkirche an die Ingolstädter Niederlage.

kommen, bis er 1429 schließlich hoch verschuldet starb. Fünf Jahre später verzichteten seine Nachkommen auf das erbliche Jägermeisteramt. Heinrich hatte an einem der mächtigsten Adeligen seines Landes ein Exempel statuiert.

Für Heinrichs erbittertsten Feind, Ludwig von Ingolstadt, ging der sogenannte »Bayerische Krieg« kaum besser aus: Er und seine adeligen Verbündeten erlitten Rückschlag um Rückschlag. Schließlich musste er – auf Vermittlung der Reichsstadt Nürnberg – einen Waffenstillstand mit seinem Landshuter Erzfeind schließen. Sein Versuch eines letzten Befreiungsschlags durch einen Angriff auf München endete am 19. September 1422 bei Alling in der Nähe von Fürstenfeldbruck in einer Katastrophe: Die Münchner Herzöge machten über 400 Gefangene, am 2. Oktober wurde zu Regensburg Frieden geschlossen. Ludwig VII., der seine Niederlage per Kniefall vor dem König eingestehen musste, hatte wichtige Landesteile an die Landshuter und Münchner Vettern sowie an andere Kriegsgegner verloren. Er bestellte für sein kriegsverwüstetes Ingolstädter Herzogtum einen Landeshauptmann und folgte dem König an den ungarischen Hof.

DAS STRAUBINGER ERBE

Auch Heinrich XVI. verließ nach dem Krieg sein Landshuter Herzogtum, wenn auch nur vorübergehend. Er begab sich auf sogenannte »Preußenfahrt«, einer Art Kreuzzug gegen die slawischen Gegner des Deutschen Ordens. Heinrich aber kam zu spät – es herrschte bereits Frieden. Der Landshuter stellte dem Hochmeister des Deutschen Ordens eine detaillierte Rechnung für die »Schneiderfahrt« aus: 6761 Gulden. Als der nicht zahlte und auch eine Klage beim König nichts brachte, besetzte der Herzog kurzerhand die Deutschordenskommende in Gangkofen – wieder eine kleine Abrundung des Landshuter Territoriums.

Die Episode zeigt auch, wie Heinrich durchaus im Gegensatz zu vielen seiner Fürstenkollegen nach dem Motto »Kleinvieh macht auch Mist« aus seinem Erbe ein potentes und schlagkräftiges Territorium strickte. Da er zudem ein hervorragender Diplomat war, der in großen Zusammenhängen und Allianzen dachte, wusste er immer – ebenfalls im Gegensatz etwa zu seinem Ingolstädter Vetter –, wie weit er in einer Angelegenheit gehen konnte, war bereit Zugeständnisse zu machen, ehe er den Bogen überspannte. Das zeigt sich deutlich bei der Auseinandersetzung um den großen Erbfall, der den

Wittelsbachern 1425 ins Haus stand: das sogenannte »Straubinger Erbe«.

Das seit 1353 selbständige niederbayerische Territorium des Teilherzogtums Straubing-Holland war mit seiner Residenzstadt ja nur, wenn man so will, das bayerische »Pied-à-terre« der niederländischen Wittelsbacher, die hauptsächlich von Den Haag aus ihre Grafschaften Hennegau, Holland, Seeland und Friesland regierten. Nach dem Tod des letzten Straubing-Holländer Herzogs Johann III. im Januar 1425 zerbrach das Herzogtum. Die Wittelsbacher hatten keine Chance, die niederländischen Besitzungen zu behaupten, deren sich Philipp der Gute von Burgund bemächtigte; ihnen blieben nur die unbestrittenen Ansprüche auf das altbayerische »Straubinger Ländchen«.

Bezeichnend sind die Forderungen, mit denen die Landshuter, Münchner und Ingolstädter Herzöge in die gemeinsamen Verhandlungen gingen: Der Landshuter forderte die Dreiteilung des Territoriums nach den Linien des Hauses Wittelsbach, während die beiden Münchner die Vierteilung nach den Köpfen forderten. Herzog Ludwig von Ingolstadt seinerseits wollte das ganze Straubinger Land ungeteilt für sich allein. Er, als »der ältest«, stellte sich auf den Standpunkt des Primogeniturrechts und begründete das mit der Goldenen Bulle, die das alleinige Erbrecht des ältesten männlichen Erben für alle Kurfürstentümer festgelegt hatte. Kein Wunder, dass die Auseinandersetzung des Straubinger Erbes schließlich ganze vier Jahre dauerte, zumal zwei Faktoren diese Auseinandersetzung gewaltig erschwerten: Da war die enorme Verschuldung des Herzogtums Straubing-Holland, dessen niederländische Landesteile zwar wirtschaftlich überaus potent waren, dafür aber geprägt durch aufreibende Kämpfe zwischen einer Adelspartei, den sogenannten »Hoeks«, und einer Bürgerpartei, den »Kabeljaus«. In dieser Konstellation die eigene Herrschaft zu festigen und die Begehrlichkeiten umliegender Fürsten auf die niederländischen Grafschaften abzuwehren, bedurfte nicht nur der dauernden Anwesenheit der Herzöge in den Niederlanden, sondern verursachte auch hohe Kosten. Das Geld dafür trieben die Straubinger Wittelsbacher selbstverständlich auch in ihrem altbayerischen Landesteil auf, indem sie Herrschaften verpfändeten, oder direkt bei ihrem eigenen Vitztum Heinrich Nothaft, der seit 1412 Verwalter des Straubinger Ländchens war und so immer mächtiger wurde. Obendrein wurde das Land auch noch von jahrelangen Adelsfehden erschüttert, bei denen nicht nur die herzogliche Kasse, sondern auch die herzoglichen Güter geplündert wurden.

Noch problematischer und belastender für das anstehende Erbe der bayerischen Herzöge aber waren die sogenannten Hussiten, unter deren Überfällen das östliche Niederbayern zu jener Zeit schwer zu leiden hatte. Bevorzugtes Einfallstor der Böhmen war nahezu alljährlich die Gegend um Furth im Wald und Cham mit der sogenannten Cham-Further-Senke. Sie machten aber auch regelrechte Plünderungsrundreisen durch das östliche Bayern. 1428 beispielsweise stießen sie über Tirschenreuth die Naab entlang bis Nittenau und Regensburg vor, auf dem Rückweg verwüsteten sie Cham und Waldmünchen.

Der jahrelange Krieg brachte enorme Belastungen für Bayern-Straubing, das direkt an Böhmen angrenzte: Dörfer und Städte mussten wiederaufgebaut, Befestigungen immer wieder repariert und Schutztruppen unterhalten werden. Die bayerischen Herzöge ihrerseits beteiligten sich höchst unterschiedlich an den Kriegszügen gegen die Hussiten. Zu Anfang waren ihre Kräfte im »Bayerischen Krieg« gebunden, später beeinflusste der jeweilige Verhandlungsstand um das Straubinger Erbe ihr Engagement maßgeblich. Unter dem Strich zeigte Heinrich von Landshut das meiste, Ludwig von Ingolstadt das geringste Interesse – vor allem, nachdem er im bayerischen Krieg seine Besitzungen im Nordgau verloren hatte.

Neben Schulden und Hussitengefahr komplizierte auch die Uneinigkeit der Herzöge untereinander die Erbauseinandersetzung. Der Ingolstädter weigerte sich nach wie vor, den Landshuter persönlich zu treffen, und so befürchteten die Straubinger Landstände bald, in einen neuen Krieg zwischen den Wittelsbachern verwickelt zu werden.

Die Hussiten

Nach der Verbrennung des Reformators Jan Hus auf dem Konzil von Konstanz hatte seine Lehre in Böhmen enormen Zulauf, aber auch eine Radikalisierung unter sozialen und nationalen Gesichtspunkten erfahren. Einen ersten Höhepunkt erreichten die Unruhen 1419, vor allem nach König Wenzels Tod. Dessen rechtmäßiger Erbe auf dem Thron war sein Bruder, der deutsche König Sigismund, der aber wiederum von den Hussiten abgelehnt wurde, weil er für Hus' Hinrichtung verantwortlich gemacht wurde. Im März schließlich rief der Heilige Stuhl zum Kreuzzug gegen die Hussiten auf. 1420 begann ein heftiger Krieg, zu dessen Beginn zwar noch die Krönung Sigismunds in Prag gelang, in dessen Folge aber das Königsheer und die Reichsfürsten, darunter auch Heinrich von Landshut, gegen die immer stärker werdenden Hussitenhaufen teilweise empfindliche Niederlagen einstecken mussten. Ab Mitte der 1420er-Jahre kam es zu einer Ausweitung des Konflikts und zu verheerenden Überfällen der Hussiten auf benachbarte Gebiete in der Slowakei (damals Westungarn), Niederösterreich, Niederbayern, der Oberpfalz, Oberfranken, dem Vogtland und Schlesien. Erst 1434 konnte die »Hussitengeißel« endgültig besiegt werden.

Bei einer Zusammenkunft in Deggendorf (Ludwig war, um Heinrich nicht zu begegnen, im nahen Natternberg abgestiegen) konnten sich die Herzöge mit den Straubinger Landständen vorläufig nur darauf einigen, das Erbe unter einen gemeinsamen Landverweser zu stellen. In der Folge versuchten Landshuter und Münchner gemeinsam, die Landstände zur Schiedsinstanz zu machen, während der Ingolstädter nach wie vor auf seiner Maximalforderung beharrte.

Schließlich schaltete sich der König ein und zog die Streitsache Anfang 1426 vor sein Wiener Hofgericht. Eventuell erwog Sigismund dabei sogar, das Straubinger Ländchen als erledigtes Reichslehen zu betrachten und es einzuziehen. Wenn auch diese Sache später keine Rolle mehr spielte, so dauerte es doch ein dreiviertel Jahr, bis es im sogenannten »Amberger Spruch« zu einer Entscheidung kam: Danach erkannten die Richter auf eine Dreiteilung des Landes, behielten sich aber vor, in einer späteren Revision auch noch eine Vierteilung durchzusetzen. Eine mehr als provisorische Lösung also, die allerlei Zündstoff bot. Lediglich die Forderung Ludwigs des Bärtigen war nun endgültig vom Tisch.

Immerhin waren die vier Herzöge jetzt offiziell Landesherren. Sie erklärten sich unter anderem bereit, die Schulden Bayern-Straubings zu übernehmen und untereinander Frieden zu halten. Die Landstände huldigten ihnen im Gegenzug zu Anfang des Jahres 1427. Aber es dauerte noch über zwei weitere Jahre, in denen die Hussitengefahr immer drängender wurde, bis es, wiederum auf Veranlassung des Königs, zu einer endgültigen Aufteilung kam. Im sogenannten »Preßburger Spruch« wurde aus der provisorischen Dreiteilung nun doch eine Vierteilung. Heinrich hatte aber erreicht, dass ihm bei der konkreten Aufteilung der Straubinger Herrschaften das Gebiet um Landau und Vilshofen zufiel, das unmittelbar an sein bestehendes Territorium anschloss. Die Münchner und der Ingolstädter warfen über die restlichen Gebiete das Los. Dabei erhielt Herzog Ernst das Gebiet um Straubing und Wilhelm eine Reihe von Herrschaften zwischen Kelheim und böhmischer Grenze. Ludwig der Bärtige zog wieder nicht das große Los: Neben einem kleinen Gebiet zwischen Dingolfing und Mallersdorf erhielt er Schärding und die Steuern der Regensburger Juden.

RECHT UND ORDNUNG

Obwohl bei der Aufteilung des Straubinger Ländchens versucht worden war, möglichst gleich große, gerechte Teile zu bilden, die in etwa gleiche Einnahmen für ihre Landesherrn generieren sollten, dauerte es noch bis Mitte der 1430er-Jahre, bis letztlich alle diesbezüglichen Ungereimtheiten, Zwistigkeiten und Verstimmungen ausgeräumt und die Aufteilung endgültig abgeschlossen war.

In der ganzen Auseinandersetzung hatte sich das einst enge Verhältnis zwischen dem Landshuter Heinrich und seinen Münchner Vettern merklich abgekühlt. Heinrich weigerte sich, vereinbarte Ausgleichszahlungen für Mehreinnahmen zu leisten, die von der alten Dreiteilung des Straubinger Landes herrührten. Der Streit dauerte drei Jahre lang und konnte nur auf Vermittlung der Landstände beigelegt werden.

Wirtschaftspolitik

In den 1430er-Jahren brachte Heinrich die Innenorganisation Bayern-Landshuts zu einem vorläufigen Abschluss. Er sicherte dem Herzogtum ein festes Kammereinkommen, indem er die Zehnten und die indirekten Steuern, die sogenannten Ungelder, sowie die Maut- und Zollgebühren berechnen ließ, die alljährlich an den herzoglichen Hof abzuführen waren. Außerdem stellte er die Juden gegen Bezahlung unter seinen Schutz.

In seiner Bayerischen Chronik findet der Geschichtsschreiber Aventin auch die Einführung einer geregelten Buchführung bemerkenswert:

»Hertzog Heinrich ... ist ein kleiner brauner Herr gewesen / hett seinen Vatter Hertzog Fridrichen in der jugend verlorn / ist under seinen Regenten in groß Geltschuld kommen / darumb / da er zu seinen jaren kam / befahl er das Kammergut zu regieren einen Priester / der bracht Eynnemen und Außgeben gegeneinander in ein Buch / war Schatzmeister / löst alles was versetzt war.«

Angeblich hatte der Herzog einen speziellen Rock, der links einen langen spitzen Ärmel hatte, in den er die Gelder legte, die er von Untertanen persönlich eingenommen hatte. Aventin charakterisiert ihn so: »(Heinrich) ist fast gnaw (= sehr genau) auff das Gut gewesen / hat jedermann selbst gehört / und selbst abgefertigt kürtzlich ... Hat keinen Cantzler wöllen haben / sagt / er gehört nur einem Keyser zu.«

Ernst und Wilhelm, die ja mit der Hälfte des Straubinger Territoriums auch die Hälfte der Straubinger Schulden übernommen hatten, sahen sich nicht nur deswegen wirtschaftlich zunehmend im Hintertreffen, zumal bald auch Herzog Ernsts Sohn Albrecht III. die Thronfolgerherrschaft über den Straubinger Landesteil antrat, auf Münchner Seite mittlerweile also drei Hofhaltungen zu finanzieren waren. Heinrich seinerseits, damals schon auf dem Weg, sich seinen Beinamen »der Reiche« im Wortsinn zu verdienen und mittlerweile auf die Unterstützung der Münchner nicht mehr so unbedingt angewiesen wie zuvor, ließ sie das auch deutlich spüren.

Im Landshuter Herzogtum kehrte in den letzten beiden Jahrzehnten der Regierungszeit Heinrichs Ruhe ein. Der Konflikt mit dem Adelsbund war ausgestanden, Kaspar von Törring tot. Die Versammlung der Landstände als potentielles Oppositionsorgan verlor allmählich an Gewicht; denn Heinrich machte sich daran, die niederbayerischen Adeligen nach und nach in sein Regierungssystem einzubinden und damit von möglichen Gegnern zu Mitarbeitern zu machen. Die namhaftesten Herren, die auch Hofämter versahen, berief er in ein neu geschaffenes festes Hofgericht, vor dem nun die Streitfälle im Herzogtum verhandelt wurden. Eine wichtige Voraussetzung für allgemeinen Landfrieden: Niemand musste und durfte mehr auf das Faustrecht zur Durchsetzung eigener Interessen zurückgreifen.

Der Geschichtsschreiber Aventinus hat es aus dem Abstand von rund hundert Jahren bemerkenswert gefunden, wie Herzog Heinrich »guten friede im Land erhalten« und die »Reuter«, also das sogenannte Raubrittertum, energisch bekämpft hat: »Die Kauffleut hießen sein Land im Rosengarten. Die Reuter klagten und sagten: Es möchte sich auch kein Wolff in seinem Land erhalten und dem strang entrinnen.« Recht und Ordnung – das Herzogtum Bayern-Landshut gewann unter Heinrich das Antlitz eines neuzeitlichen befriedeten Staates, wie er andernorts oft erst Jahrhunderte später durchgesetzt werden konnte.

Das herzogliche Hofgericht

Seit der Ottonischen Handveste war das Hofgericht für straf- und zivilrechtliche Prozesse innerhalb von Adel und Geistlichkeit zuständig. Allerdings wurde es nur fallweise oder in großen zeitlichen Abständen einberufen – im Herzogtum Bayern-München nur viermal im Jahr. Heinrich sorgte nun dafür, dass an seinem Hof jeder Kläger sofort einen Richter fand. Im Hofgericht saßen Herren aus den führenden Familien Niederbayerns, wie die Closen, die Fraunhofer, die Preysing oder Törring, die allesamt auch bedeutende Hofämter innehatten und als herzogliche Räte fungierten. Dazu kamen noch erfahrene Landshuter Stadtrichter. Durchschnittlich saß rund ein Dutzend Räte zu Gericht. Dazu konnten aber noch »vil mer annder aws riterschaft, bvrgern vnd anndern« als Beiräte hinzugezogen werden, je nach Fall oder Schwere des Vergehens. So musste sich beispielsweise ein gewisser Warmund Rottauer aus Rottau bei Ruhstorf an der Rott in den 40er-Jahren mehrfach wegen Landfriedensbruchs verantworten. Ihm wurde unter anderem vorgeworfen, er habe drei Knechten, die auf bayerischen Straßen raubten, Unterschlupf gewährt. Bei solchen Prozessen konnte es passieren, dass neben dem Kanzler der Stadt Landshut um die dreißig höhere Landadelige und eine ungenannte Zahl kleinerer Adeliger und Bürger zu Gericht saßen.

Überhaupt hatte Heinrich sich im Konzert der bayerischen Herzöge mittlerweile vom eigenwilligen Nesthäkchen zur diplomatischen Führungsperson gemausert. Sein Reichtum und seine Macht nahmen zu. Immer öfter zeigte sich auch seine Neigung, Probleme, wo es ging, mit Geld zu lösen. Wenn es sein musste, konnte er trotzdem energisch durchgreifen, zog alle Register von der Intrige bis zum bewaffneten Coup. Dass er andererseits, wenn es um Ehre und Stand ging, weder Freund noch Feind kannte, das hatte er bereits bei seinem Konstanzer Überfall auf Ludwig von Ingolstadt gezeigt. In solchen Fällen stellte er manchmal gar den eigenen Vorteil hintan – so auch bei der berühmten Agnes-Bernauer-Affäre im Münchner Herzogshaus.

Albrecht III., einziger Sohn des Münchner Herzogs Ernst, war in seinen Thronfolgerresidenzen in Straubing und Vohburg selbständiger und eigenwilliger geworden, als es dem Vater lieb sein konnte. Er war eine unstandesgemäße Ehe mit der – der Legendenbildung zufolge – Augsburger Baderstochter Agnes Bernauer eingegangen, obwohl er genau wusste, dass Kinder aus einer solchen Beziehung nicht erbberechtigt waren. Herzog Ernst in München sah dem Treiben auf der Vohburg rund drei Jahre lang zu. Da starb im September 1435 sein Bruder Wilhelm III., wenige Wochen später dessen gleichnamiger Sohn. Wilhelms älterer Sohn Adolf war dauerhaft krank und regierungsunfähig. Sein baldiger Tod war abzusehen. Wenn jetzt auch Albrecht keine rechtmäßigen Erben hatte, drohte die Linie Bayern-München auszusterben.

Für Heinrich, respektive seinen Sohn und Erben, den er 1434 an der Regierung beteiligt hatte, hätte ein solches Aussterben vordergründig manche Vorteile gebracht: Das Herzogtum Bayern-München wäre nach dem Tod Albrechts III. aufgeteilt worden zwischen Ingolstadt und Landshut, wobei sich in Ingolstadt gleichermaßen die Erbenfrage stellte. Ludwig VII. der Bärtige hatte nur einen legitimen Sohn, Ludwig VIII., vom Volk aufgrund einer wohl angeborenen Wirbelsäulenverkrümmung der »pucklat herzog« genannt, weshalb er bis heute den Beinamen »der Bucklige« oder »der Höckrige« trägt. Mitte der 1430er-Jahre zeichnete sich aber wohl bereits ab, dass das Verhältnis zwischen den beiden Ingolstädter Ludwigs nicht zum Besten stand. Denn der Vater bevorzugte immer offenkundiger seinen natürlichen Sohn Wieland von Freyberg, was schließlich wenige Jahre später zum folgenreichen Zerwürfnis zwischen beiden Herzögen und tatsächlich zum Aussterben der Ingolstädter Linie führen sollte.

Kurz und gut: Eigentlich hätten die dynastischen Probleme der Münchner Vettern Heinrich in die Hände gespielt. Dennoch scheint er sich letztlich aus Gründen der Fürstenehre

Epitaph Agnes Bernauers in der Agnes-Bernauer-Kapelle auf dem Friedhof St. Peter in Straubing. Die illegitime Herzogin liegt in Lebensgröße auf einem großen Kissen, den Rosenkranz in der Hand.

auf Herzog Ernsts radikalen Lösungsplan für die Bernauer-Affäre eingelassen zu haben. Er lud Herzog Albrecht III. zur Hirschjagd nach Landshut ein. Damit war für Ernst der Weg frei, die Bernauerin festnehmen, nach Straubing bringen und sie nach kurzem Prozess am 12. Oktober 1435 in der Donau ertränken zu lassen.

Ob Heinrich tatsächlich in Ernsts Mordplan an der Bernauerin eingeweiht war, ist nicht eindeutig zu klären. Tatsache ist, dass Albrecht III. ihn bezichtigte, gemeinsame Sache mit seinem Vater gemacht zu haben. Rasend vor Wut suchte er Ludwig den Bärtigen in Ingolstadt auf, um gemeinsam mit ihm gegen den Vater und den Landshuter vorzugehen.

In Ingolstadt wiederum hatte man schon lange einen neuen Krieg gegen Landshut geplant. Man beschuldigte Heinrich – möglicherweise nicht ohne Grund –, Raubritter in seinem Herzogtum zu beherbergen, die immer wieder Beutezüge auf Ingolstädter Territorium unternahmen. Besonders ein gewisser Burkhard Wagenbuch hatte sich dabei hervorgetan. Was er im Ingolstädter Land zusammengeraubt hatte, verkaufte er anschließend mit offensichtlicher Duldung Heinrichs auf Landshuter Territorium. Aus Heinrichs Sicht war die Sache praktisch: Er schädigte seinen Erzfeind, ohne den königlichen Frieden offiziell zu brechen. Für den Ingolstädter wiederum lieferten die Racheabsichten Albrechts den idealen Vorwand, endlich gegen den Münchner und vor allem den Landshuter Vetter loszuschlagen.

Doch aus dem Krieg Vater–Sohn wurde nichts. Ernst hatte Kaiser Sigismund eingeschaltet, seinen Sohn zur Vernunft zu bringen. Albrecht habe sich mit einem »pösen Weib« eingelassen, das ihm nach dem Leben getrachtet habe. So sei ihm keine andere Wahl geblieben, als »daßselbig Weyb ertrunken lassen«. Jetzt solle der Kaiser Albrecht befehlen, sich mit seinem Vater auszusöhnen. Der Kaiser scheint reagiert zu haben – offenbar erfolgreich. Noch im Dezember stiftete Albrecht eine ewige Seelenmesse im Straubinger Karmelitenkloster für die Bernauerin, und im Sommer 1436 ließ Herzog Ernst auf dem Petersfriedhof für sie eine Kapelle errichten.

Herzog Albrecht III. von Bayern-München

Der junge Münchner Herzog willigte unmittelbar nach der Aussöhnung mit seinem Vater in eine – diesmal standesgemäße – Ehe mit Anna von Braunschweig ein, mit der er im Lauf der Jahre zehn Kinder bekam. 1438 beerbte er seinen Vater Ernst auf dem Herzogsthron. Zwei Jahre später boten ihm, der Jahre am Prager Königshof verbracht hatte und sehr gut Tschechisch sprach, die böhmischen Stände die Krone von Böhmen an. Nach reiflicher Überlegung lehnte er das durchaus schmeichelhafte Ansinnen ab. Böhmen war einerseits durch die Hussitenkriege ausgeblutet. Andererseits konnte sich Albrecht nur schwer vorstellen, König eines mehrheitlich ketzerischen Landes zu werden – denn er selbst war ein großer Förderer des katholischen Glaubens. Er reformierte zusammen mit Nikolaus von Kues bayerische Klöster und sollte mit dem Beinamen »der Fromme« in die Geschichte eingehen. Der Herzog galt als Förderer der Dichtkunst und der Musik. Fünf Jahre vor seinem Tod 1460 stiftete er für sein ewiges Seelenheil das Benediktinerkloster Andechs.

Auch wenn sich Vater und Sohn wieder versöhnt hatten, dem Landshuter Vetter grollte Albrecht weiterhin. Auf Druck des Ingolstädters, der mittlerweile einen offenen, wenn auch unerklärten Krieg gegen seinen Landshuter Todfeind führte, ließ er sich in diesen Konflikt hineinziehen. Die Auseinandersetzungen mit Heinrich dauerten aber nicht lang. Schon im Mai gab es, wiederum auf Vermittlung des Kaisers, einen Waffenstillstand zwischen Albrecht und Heinrich. Im Juli schließlich musste auch Ludwig zähneknirschend einem Friedensschluss zustimmen. Wiederum war er der Verlierer. Heinrich hatte ihm während der Kampfhandlungen die niederbayerischen Landgerichte Dingolfing und Kirchberg abgenommen und durfte sie nach Friedensschluss behalten – ein neuer nicht unerheblicher Zuwachs für das Landshuter Territorium.

INGOLSTADT WIRD LANDSHUTISCH

Während sich der Münchner Vater-Sohn-Konflikt in Wohlgefallen auflöste, spitzte sich das gleiche Problem in Ingolstadt zwischen Ludwig VII. und seinem Sohn Ludwig VIII. (dem »Buckligen«) gegen Ende der 1430er-Jahre dramatisch zu. Der stark körperbehinderte Sohn, den der Landshuter Chronist Ebran von Wildenberg als »weis und listig« beschreibt, litt schwer darunter, dass der Vater immer deutlicher den unehelichen Halbbruder Wieland von Freyberg bevorzugte. In den 1420er-Jahren, während des Bayerischen Kriegs und der darauffolgenden Abwesenheit seines Vaters, hatte der 1403 geborene Jungherzog den Ingolstädter Landesteil bereits nahezu selbständig regiert. Jetzt musste er sich gefallen lassen, dass sein Handlungsspielraum immer stärker eingeschränkt wurde.

Nach außen hin blieb er jahrelang loyal, obwohl er ohnmächtig mitansehen musste, wie der Vater mit riesigem Geldaufwand seine völlig überdimensionierten Stiftungen in Ingolstadt vorantrieb, während er dem Sohn das Heiraten unmöglich machte und nicht einmal eine formale Regierungsbeteiligung gewährte. Als der alte Herzog schließlich 1437/1438 den jungen quasi enterbte und seine ganze effektive Habe dem unehelichen Sohn überschrieb, der prächtig verheiratet wurde, und als zuletzt Ludwig der Jüngere unter einem Vorwand von zuhause weggeschickt wurde, während andererseits der frischgebackene Schwiegervater seines Halbbruders Wieland zum Landeshauptmann und Pfleger von Ingolstadt ernannt wurde, platzte ihm der Kragen: Im Herbst und Winter 1438/1439 kam es zum offenen Zerwürfnis und zum Aufstand des Sohns gegen den Vater.

Mit Hilfe des Markgrafen von Brandenburg, dessen Tochter er 1439 geheiratet hatte, besetzte Ludwig der Bucklige im Handstreich die Donaugebiete des Ingolstädter Herzogtums und schloss seinen Vater in der Zweitresidenz Neuburg an der Donau ein. Gleichzeitig beantragte er am Königshof, seinen Vater für unzurechnungsfähig zu erklären und ihn der Herrschaft zu entheben. Dort allerdings konnte man sich zu diesem Schritt nicht durchringen. So blieb es jahrelang bei völlig ungeklärten Herrschaftsverhältnissen zwischen dem immer wirklichkeitsfremder agierenden alten Herzog in Neuburg und dem jungen, der zunehmend in die Abhängigkeit von seinem Brandenburger Schwiegervater und von Pfandleihern in Nürnberg, Augsburg, Eichstätt und Landshut geriet. 1443 schließlich wurde es dem jungen Herzog zu bunt. Ohne auf die Zustimmung des Kaisers zu warten, ließ er die Stadt Neuburg stürmen, seinen Vater gefangensetzen und ging daran, sein krisengebeuteltes Erbe zu konsolidieren. Doch es blieb ihm kaum Zeit. 1445 starb er ohne männlichen Erben. Damit war, zumindest nominell, wieder sein Vater Herzog. Doch Ludwig der Bärtige war nach wie vor Gefangener. Nach dem Tod seines Sohnes war er nun in der Gewalt von dessen Schwiegervater, des brandenburgischen Markgrafen in Ansbach. Der gedachte sich mit dem alten Herzog als Unterpfand für seine Ausgaben im Ingolstädter Vater-Sohn-Konflikt schadlos zu halten.

Jetzt kam die Zeit des großen Diplomaten Heinrich von Landshut, der ja ein Schwager des Markgrafen war. Im Gegensatz zu Herzog Albrecht von München, der sich mit Ludwig dem Buckligen verbündet hatte, war Heinrich in dem jahrelangen Ingolstädter Hauskrieg »zur Ehre des Hauses Bayern« offiziell neutral geblieben. Inoffiziell finanzierte er die Kriegskosten Herzog Albrechts von München, indem er dessen Stadt Deggendorf kaufte. Der Münchner hatte sich in der Ingolstädter Angelegenheit bereits bis weit über seine Grenzen finanziell engagiert, während für seinen Landshuter Vetter, als es nach dem Tod Ludwigs des Buckligen um das ganze Ingolstädter Erbe ging, Geld keine Rolle spielte. Der relativ unerfahrene Münchner geriet gegenüber dem gewieften Landshuter immer mehr in die Defensive, zumal er nach seinem Engagement für den Sohn nicht als Anwalt der Angelegenheiten des Vaters auftreten konnte.

Das aber gebot die Stunde, denn die Brandenburger wollten ihre finanziellen Forderungen an das Ingolstädter Herzogshaus endlich beglichen sehen. Der alte Herzog hatte seiner Ingolstädter Landschaft rundweg verboten, das für ihn geforderte Lösegeld zu zahlen. Schließlich legte der Kaiser fest, dass Heinrich und Albrecht auch ohne Zustimmung Ludwigs über dessen Auslösung mit dem Markgrafen verhandeln sollten. Da aber Albrecht nicht zahlen konnte, ließ sich Heinrich vom Kaiser genehmigen, den Markgrafen auch allein abfinden zu können. Am 13. Juli 1446 löste Heinrich für 60 000 Gulden die Pfänder der Witwe des jungen Ingolstädter Herzogs aus, übernahm für 17 000 Gulden die ehemals ingolstädtischen Ämter Lauf und Hilpoltstein und zahlte dem Markgrafen 30 000 Gulden für den alten Herzog, den er nun auf die Burghausener Burg bringen ließ.

Als Ludwig der Bärtige, der bis zum Schluss seine Auslösung verweigert hatte, am 2. Mai 1447 im Gewahrsam seines Landshuter Erzrivalen starb, hatte dieser beste Karten, das gesamte Ingolstädter Erbe ungeschmälert anzutreten. Aufgrund seiner umfassenden Bündnispolitik hatte er von vornherein praktisch alle relevanten Nachbarn auf seiner Seite. Unmittelbar nach dem Tod Ludwigs sicherte er außerdem dem Salzburger Erzbischof zu, für sämtliche Schulden des Ingolstädters und Kriegsschäden an Kirchen und Klöstern im Ingolstädter Territorium aufzukommen. Auch die Forderungen anderer Gläubiger des Ingolstädter Herzogshauses beglich er. Damit unterstrich er einerseits seine Rolle als einzig rechtmä-

Die Burg zu Burghausen

Bereits Heinrich XIII. hatte im 13. Jahrhundert begonnen, die alte Burg als Grenzfestung gegen die Hochstifte Salzburg und Passau auszubauen. Unter Heinrich dem Reichen und seinen Nachfolgern wurde sie schließlich als »Stadt in der Stadt« zur stark befestigten Wohnburg und zur offiziellen Zweitresidenz. Im Gegensatz zur Landshuter Burg, dem politischen Machtzentrum, war Burghausen das bequeme Zentrum der Herzogsfamilie. Hier residierten mit eigenem Hofstaat Heinrichs Gemahlin Margarete und alle ihre Nachfolgerinnen, hier wuchsen die Kinder des jeweiligen Herzogspaares auf. Auch Herzog Ludwig VII. von Ingolstadt verfügte dort, wiewohl Gefangener Heinrichs, über einen kleinen Hofstaat. Als Ludwig 1447 starb, sorgte Heinrich dafür, dass sein Erzfeind sofort vom Kirchenbann gelöst wurde und so im nahen Kloster Raitenhaslach bestattet werden konnte, wo bereits die drei früh verstorbenen Kinder des Landshuter Herzogspaares lagen. Mit dem Tod von Herzogin Margarete wenige Monate später wurde Raitenhaslach neben der Abtei Seligenthal endgültig zur zweiten Landshuter Grablege.

ßiger Erbe des Ingolstädter Herzogs und gewann andererseits wichtige Sympathien unter den Ingolstädter Landständen, deren Einmütigkeit seit dem Aufstand des Sohns gegen den Vater bereits heftig gelitten hatte. Das zerrissene Ingolstädter Land sehnte sich überdies nach Rechtssicherheit, für die allein der starke Landshuter stand. So dauerte es nur wenige Wochen, bis die Ingolstädter Stände samt und sonders Heinrich gehuldigt hatten. Zuletzt ging es nur noch darum, den Kaiser auf seine Seite zu ziehen.

Ein besonders geschickter Schachzug Heinrichs war es dabei, Albrecht gegenüber Ansprüche auf das Erbe des 1441 mit nur sieben Jahren gestorbenen Herzogs Adolph anzumelden. Der von Geburt an schwer kranke Erstgeborene von Albrechts Onkel, Herzog Wilhelm, hatte dem Namen nach dessen Anteil an dem Münchner Herzogtum geerbt. Damit war Heinrich am Drücker: Bereitwillig würde er auf Adolphs Münchner Erbe verzichten, aber nur wenn Albrecht seinerseits Heinrichs alleinigen Erbanspruch in Ingolstadt anerkannte. Freilich war Albrecht mit Adolph, der ja sein Neffe war, viel näher verwandt als der Landshuter. Der aber wiederum war ein unmittelbarer Vetter des alten Ingolstädters, während Albrecht nur der Sohn eines Vetters, also um einen Grad entfernter verwandt war.

Stolzer Titel

Mit der Übernahme des Ingolstädter Herzogtums änderte Heinrich von Landshut die Intitulatio, also die Titelfolge in seinen Urkunden. Vor 1447 begannen herzogliche Dokumente mit dem schlichten Satz »Wir Heinrich von gotes genaden pfallentzgraue bei Rein, hertzoge in Bayren«. Jetzt hieß es »Wir Heinrich von gotes gnaden pfaltzgraue bei Rein, hertzoge in Nidern und Obernbayern etc.« Dabei steht das »Nidern« für das Unterland mit der Residenz Landshut und das »Obern« für das neue Oberland um Ingolstadt. Die Münchner Herzöge stellten dagegen ab sofort das »Obern« vor, denn bei ihnen war das Unterland um Straubing nur die Zweitresidenz. Interessant ist das »etc.« bei der neuen Intitulatio Heinrichs. Es steht für alle ehemaligen und künftigen Besitztümer, auf die das Haus Bayern berechtigte Ansprüche erhebt, wie zum Beispiel Tirol. Damit kündigte sich bereits eine neue Phase Landshuter Politik an, die erst bei Heinrichs Sohn Ludwig zur vollen Entfaltung kommen sollte. Ludwig der Reiche behielt selbstverständlich die neue Titelfolge bei und siegelte darüber hinaus von Anfang an mit einem Majestätssiegel, wie es sonst nur der Kaiser führte.

Diese Tatsache und Heinrichs Mäßigung und Zurückhaltung, mit der er achtzehn Jahre zuvor den kaiserlichen Spruch zum Straubinger Erbe akzeptiert hatte, wurde im Erbschaftsprozess vor König Friedrich III. zum juristischen Haupttrumpf. Im Straubinger Fall war zugunsten der Münchner Brüder Ernst und Wilhelm nach Köpfen und nicht nach Linien entschieden worden. Warum sollte es jetzt anders sein? – Heinrich war in seiner Generation schließlich der einzige erbberechtigte »Kopf«. Dazu kam nicht zuletzt, dass König Friedrichs Kasse, wie eigentlich ständig während seiner langen Regierungszeit, leer war. Hier konnte Heinrich helfen – und das gab zu guter Letzt den Ausschlag: Am 4. März 1448 wurde er offiziell mit dem Ingolstädter Herzogtum belehnt. Albrecht sah dabei mehr oder weniger ohnmächtig zu, auch wenn er sich in den nächsten Jahren bemühte, juristisch noch was herauszuholen.

»DASS SIE UNS BESTÄNDIG SEY IN UNSERER VERSCHIEDUNG«

Letztlich war Heinrichs finanzielle Potenz ausschlaggebend gewesen für seine über die Maßen erfolgreiche Politik. Aus dem stark gefährdeten Erbe eines unmündigen Kindes war innerhalb von wenigen Jahrzehnten das bedeutendste Fürstentum Süddeutschlands geworden. Voraussetzung dafür war nicht nur das diplomatische Geschick Heinrichs bei der Vergrößerung seines Herzogtums, sondern auch die Umsicht, mit der er sein Territorium nach innen konsolidierte.

Ein Herzogtum wird abgewickelt

Wie planvoll und umsichtig Heinrich bei der Verwaltung seines Besitzes vorging, wird deutlich bei den Maßnahmen, die er im Zusammenhang mit der Integrierung des Ingolstädter Landesteils in sein Herzogtum veranlasste. Er übernahm drei bisherige Ingolstädter Amtsträger, die im Auftrag ihres neuen Herrn zunächst das gesamte Ingolstädter Urkundenarchiv inventarisierten. Sie listeten die Erwerbungen im Einzelnen auf, beschrieben sie, berichteten über bestehende herzogliche Einrichtungen und Gebäude sowie anstehende Baumaßnahmen, referierten anstehende Rechtsstreitigkeiten und prognostizierten die aus den neuen Besitztümern zu erwartenden

Einnahmen. Bereits im November 1448 ging es an die Veranschlagung der Landsteuer im »Oberland«, wie das ehemalige Ingolstädter Gebiet jetzt im Landshuter Herzogtum hieß. Heinrich prüfte alle diese Berichte persönlich und setzte die Steuern im Einzelnen fest. Außerdem wies er seine Leute detailliert zu Baumaßnahmen und anderen Investitionen an. Ebenfalls noch 1448 erließ er dann eine neue Ordnung der Pflegen, Landgerichte und Ämter.

Als er das Erbe Ludwigs von Ingolstadt antrat, hatte Heinrich der Reiche das 60. Lebensjahr bereits überschritten. Seit über 50 Jahren stand er nun an der Spitze des Landshuter Herzogtums und saß fester auf dem Thron als je zuvor. Dass er so weit gekommen war, hatte er selbstverständlich auch einer gehörigen Portion Skrupellosigkeit zu verdanken, ohne die kein großer Politiker zu denken ist. Aber nur ein einziges Mal, beim Überfall auf seinen Ingolstädter Vetter auf dem Konzil zu Konstanz, war er wirklich zu weit gegangen – die Folgen davon hatte er sein Leben lang zu tragen.

Heilig Blut

Einer alten Sage zufolge war Heinrich als Sühne für den Konstanzer Überfall eine Wallfahrt ins Hl. Land auferlegt worden. Doch Heinrich war die Pilgerreise zu weit und zu gefährlich. Stattdessen baute er unweit seiner Landshuter Burg eine Kirche mit dem seltenen Patrozinium zum »Hl. Blut«. Damit die Wallfahrt dorthin tatsächlich wie eine Wallfahrt ins Hl. Land aussah, bekam die Kirche statt eines vier- oder achteckigen Turmes, wie er damals landauf landab üblich war, zwei bis heute außerordentlich exotisch anmutende Rundtürme – ähnlich den im Orient üblichen Minaretten.

Wie alle großen Herren seiner Zeit, so machte sich auch Heinrich Sorgen um sein Seelenheil. Sein »Seelgerät«, wie man die damals üblichen frommen Fürstenstiftungen nannte, sollte

Die Kirche Heilig Blut unweit der Landshuter Burg

nicht so maßlos sein wie das Ludwigs von Ingolstadt. Er baute kein großes Münster, keine 1000 Pfründner sollten Tag und Nacht für ihn beten. Seit Jahren schon ließ Heinrich nicht weit von seiner Landshuter Burg entfernt eine einschiffige Kirche errichten, die er mit vier Altären ausstatten ließ. Einer davon war dem Tod Mariens geweiht, in der Hoffnung, dass die Gottes-

Herzog Heinrichs Devise: »wult got«. – Bayerisches Hauptstaatsarchiv, München.

mutter »beständig sey in unserer Verschiedung«. 1445 stiftete er für jeden dieser Altäre ein eigenes Benefizium, also die Pfründe für einen Priester. 1449 kam ein fünftes Benefizium hinzu.

Trotz seines Jähzorns und seiner oftmals an den Tag gelegten Rücksichtslosigkeit war Heinrich ein frommer Fürst geblieben. Von Ludwig von Ingolstadt hatte er die aus Frankreich stammende Mode übernommen, bestimmte Urkunden mit einem eigenen Handzeichen zu versehen. Aber anders als Ludwig fügte Heinrich der Abkürzung seines Namens noch seine Devise hinzu, die er mit zwei skizzierten Nadelbäumen und Schleifen einzurahmen pflegte: »wult got«.

Heinrich der Reiche von Bayern Landshut starb unerwartet mit 64 Jahren am 30. Juli 1450 »um die sechste Stunde«. Bestattet wurde er nicht in einer Gruft, wie das sonst bei Fürstenfamilien üblich war. Die Wittelsbacher Grablege in der Landshuter Abtei Seligenthal war ein einfaches Erdgrab – mit einer eigentümlichen Bestattungspraxis. In einer Beschreibung von Heinrichs Begräbnis heißt es: »Da sangen sie Vigil über ihm und nach der Vigil trug man ihn gen Säldenthal mit der ganzen Prozession ... Da sang man abermals Vigil und ließ ihn stehen bis auf den Freitag. Da besang man ihn mit Ehren und bestattete ihn ... in seines Vaters Grab, in einer verpichten Truhen, oben aufgebrochen, und verschüttete ihn mit Kalk und Erdreich, als einen andern Menschen.« Heinrich wurde also im aufgebrochenen Sarg seines Vaters Friedrich zur Ruhe gebettet. Beim Tod seines Sohnes und seines Enkels sollte man später genauso vorgehen.

3 Herzog Ludwig der Reiche: »Du freyst mych«

DER JUNGE HERZOG

Von den insgesamt sechs Kindern Herzog Heinrichs und seiner Gemahlin Margarete von Österreich überlebten nur drei: die 1413 geborene Johanna, die im Jahr 1439 mit dem wittelsbachischen Pfalzgraf Otto I. von Pfalz-Mosbach verheiratet wurde, und die 1419 geborene Elisabeth, die seit 1445 mit Herzog Ulrich V. von Württemberg vermählt war. Der einzig überlebende Sohn Herzog Heinrichs war am 23. Februar 1417 geboren worden: Ludwig, den die Geschichtsschreiber nach den beiden Ingolstädter Herzögen Ludwig VII. dem Bärtigen und Ludwig VIII. dem Buckligen als Ludwig IX. den Reichen führen.

Der junge Herzog wuchs bei seiner Mutter am Hof der herzoglichen Familie in Burghausen unter der Obhut eines Hofmeisters auf. Der Ritter Ebran von Wildenberg, als enger Weggefährte Herzog Ludwigs sicher bestens unterrichtet, schreibt in seiner Chronik von den Fürsten aus Bayern:

Ludwig, ein sun hertzog Heinrichs, ward erzogen auf der purg zu Burckhausen, und er het sein wesen do bis auf dreissig jar. Der Fürst war gar ein gerader starcker man. Er übt sich viel in ringen, steinwerfen, im kurtzen und langem swert meisterlich ... Dieser fürst lebte in gantzer gehorsam gegen seinem vatter, wiewol im von etlichen seinen frundten (= Freunden, Verwandten) und andern geratten ward, das er sich erheben sollt und nicht lenger do zu Burgkhausen beleiben, aber er wolt seinen vatter nicht begeben noch beleidigen.

Als Ludwig 17 Jahre alt war, 1434, beteiligte ihn sein Vater an den Regierungsgeschäften und übertrug ihm »in pflegweis«, wie es in der entsprechenden Urkunde heißt, eine Reihe von Herrschaften und Städten des Herzogtums, darunter die Veste Hengersberg, das Landgericht und die Vogtei über die Abtei Niederaltaich, die Stadt und das Landgericht Landau mit

Mit mehr als einem Kilometer Länge gilt die Burg zu Burghausen als längste Burg der Welt. Seit der Zeit der Reichen Herzöge hat sie ihr Erscheinungsbild nicht wesentlich verändert.

umliegenden Märkten und das Landgericht Plattling samt Markt und Maut. Außerdem musste ihm die Residenzstadt Burghausen huldigen und er bekam die Aufsicht über die dort liegende Barschaft und die Kleinodien seines reichen Vaters, damit er »mit denselben Cleynaten gelt und Slüsseln … tun vnd gelassen mag, wie in verlustet«. In den Jahren danach tritt Ludwig immer wieder als Mitaussteller oder Adressat von Urkunden auf, besonders in den letzten Jahren Herzog Heinrichs zwischen 1447 und 1450. Der junge Herzog wurde sukzessive »aufgebaut« und übernahm immer mehr Verantwortung. Kurz vor dem Tod seines Vaters bat ihn der Papst persönlich um die Vermittlung eines Rechtsstreits zwischen der Reichsstadt Augsburg und dem dortigen Bischof.

Herzog Heinrich fädelte beizeiten die Vermählung seines Sohnes mit Amalie, der ältesten Tochter Kurfürst Friedrichs von Sachsen, ein. Damit leuchtete ein weiterer heller Stern im vielfältigen Kosmos von Heinrichs Allianzen. Der sogenannte Heiratsbrief, in dem sämtliche Bestimmungen, Heiratsgut, Morgengaben und so weiter festgelegt waren, datiert vom 18. April 1450. Die Hochzeit selbst aber musste wegen Heinrichs Tod im Juli 1450 verschoben werden und konnte erst zwei Jahre später stattfinden. Am 4. August 1450, vier Tage nach dem Tod des alten Herzogs, kam Ludwig von Burghausen nach Landshut. Zuvor bereits hatte er alle Reichsfürsten sowie die Stände seines Herzogtums schriftlich informiert; die anschließenden Erbhuldigungen der Prälaten, Ritter, Städte und Märkte zogen sich bis zum Herbst hin. Alles in allem wurde es ein reibungsloser Regierungswechsel. Ludwig übernahm Dienerschaft und Räte seines Vaters, nicht ohne die Zahl seiner Mitarbeiter beträchtlich aufzustocken. Was er nicht übernehmen wollte, war der alte Politikstil des Vaters. Freilich wollte auch er in Zukunft beherzt zupacken, wenn sich eine Gelegenheit bot. Andererseits war es nicht seine Sache, dieses Zupacken in eine umsichtige, von vorsichtiger Zurückhaltung und einem guten Verhältnis zu fürstlichen Nachbarn und Reichsoberhaupt gleichermaßen gekennzeichnete Politik einzubetten. Schon bald nach seinem Regierungsantritt machte er deutlich, dass jetzt ein anderer Wind wehen sollte.

Noch 1449 hatte Herzog Heinrich seine Pfleger und Richter ermahnt, die Juden zu schützen und ihre Rechte nicht anzutasten. Von altersher standen sie im ganzen Reich unter dem besonderen Schutz des Königs, respektive des Kaisers, der dafür von ihnen Steuern kassierte. Schon um sich keinen Ärger mit seinem Lehensherrn einzuhandeln, duldete Heinrich keine Übergriffe auf Juden in seinem Herrschaftsbereich, auch wenn sich die Landstände, die nicht selten schwer bei den Juden verschuldet waren, immer wieder über sie beklagten.

Sein Sohn Ludwig brach nun mit dieser Politik. Bereits am 5. Oktober 1450 ließ er die Juden aus Landshut und seinem ganzen Herzogtum förmlich ausweisen. Zuvor wurden sie eingesperrt, getrennt nach Männern und Frauen, mussten sämtliche Schuldscheine, die sie besaßen, an den Herzog übergeben und mit 25 000 Rheinischen Gulden eine gewaltige Steuer entrichten – nach heutigem Goldwert mehrere Millionen Euro.

Bayerische Juden

Die Juden spielten eine wichtige wirtschaftliche Rolle als Darlehensgeber und viele bayerische Herzöge arbeiteten eng mit ihnen zusammen. So wird berichtet, dass Ludwig der Kelheimer Stadt und Burg Landshut mit jüdischem Geld errichtet habe; seine Enkel Ludwig von Oberbayern und Heinrich von Niederbayern beschäftigten jüdische Beamte. Zu Beginn des 14. Jahrhunderts verpfändete der spätere Kaiser Ludwig der Bayer sogar einmal die Stadt München an jüdische Geldgeber; sein Sohn Herzog Stephan II. überließ angeblich 1346 seine Krone einem Juden namens Pfefferkorn und löste sie nie wieder aus. Später beschäftigte er einen Juden aus Landshut als Arzt. Die Judengemeinde im Süden der Stadt gehörte im Mittelalter zu den wichtigsten des Reiches und brachte bedeutende Gelehrte hervor. Nach der Vertreibung der Juden durch Ludwig den Reichen wurde die dortige Synagoge in eine Kirche umgewandelt und der Hl. Dreifaltigkeit geweiht. Der Bau am Landshuter Dreifaltigkeitsplatz wurde leider im Zuge der Säkularisation zu Beginn des 19. Jahrhunderts abgerissen.

Dass die Vertreibung weniger religiöse als wirtschaftliche Motive hatte, wird einen Monat später deutlich: Am 15. November bestätigte Ludwig den Juden der Reichsstadt Regensburg, deren lukrative Steuer ihm rechtmäßig zustand, ihre Sicherheit und Freiheit. Ohnmächtig protestierte König Friedrich III. gegen die Ausweisung seiner »königlichen Kammerknechte«, mit der ihm, der ständig knapp bei Kasse war, nicht unbeträchtliche Einnahmemöglichkeiten ausfielen. Zum Ausgleich forderte er wenig später die Regensburger Judensteuer, die einstmals Kaiser Ludwig der Bayer seinen wittelsbachischen Vettern verpfändet hatte, zurück. Aber auch hier biss er bei Ludwig dem Reichen auf Granit.

Die Juden waren nur Spielball, nur Mittel zum Zweck einer neuen Politik, die im Verhältnis zum Kaiser selbstbewusst auf-

Nach der Vertreibung der Juden wurde die ehemalige Landshuter Synagoge in eine Dreifaltigkeitskirche umgewandelt, von der der umliegende Platz seinen Namen erhielt. – Detail aus dem Nachbau des Stadtmodells von Jakob Sandtner von Theo Linse nach zeichnerischen Aufnahmen von Fr. Jos. Weinzierl, Landshut, 1932.

zutrumpfen gedachte, wo sie früher zurückhaltende Loyalität an den Tag gelegt hatte. Das Verhältnis zwischen Ludwig dem Reichen und dem König und späteren Kaiser Friedrich III. sollte über Ludwigs gesamte Regierungszeit mehr oder weniger gespannt bleiben und dem Landshuter Herzog noch beträchtliche Schwierigkeiten machen, auch wenn der Kaiser ihm aufgrund seiner bedeutenden Stellung im Reich immer wieder ehrenvolle Aufgaben zuwies und seinen Rat und seine Unterstützung suchte.

Bevor der junge Herzog allerdings an Reichspolitik denken konnte, galt es mit dem Münchner Vetter Albrecht III. endgültig die Streitigkeiten im Zusammenhang mit dem Ingolstädter Erbe beizulegen. Die Verhandlungen dazu waren schon in der Regierungszeit seines Vaters weit gediehen, der Tod des alten Herzogs aber hatte auch hier für eine Unterbrechung gesorgt. Nun wurden sie am 16. Dezember 1450 mit dem »Vertrag von

Erding« abgeschlossen. Ludwig gab Albrecht Deggendorf zurück und der Münchner Herzog erhielt dauerhaft das Gericht (Markt-)Schwaben sowie die Herrschaften Baierbrunn und Lichtenberg am Lech, die Ludwig der Bucklige bereits an ihn verpfändet hatte.

Viel wichtiger war allerdings, dass der reiche Ludwig sich verpflichtete, alle alten Schulden und Verbindlichkeiten der Ingolstädter Herzöge allein zu tragen. Dazu kam ein 32 000 Gulden schweres Darlehen Ludwigs, mit dessen Hilfe Albrecht die seit Jahrzehnten verpfändeten Ämter Burglengenfeld, Hemau, Rotheneck, Schwandorf und Velburg im Nordgau auslösen konnte, sie als Unterpfand für das Darlehen aber gleich an Ludwig weiterreichte. Für weitere 16 000 Gulden kaufte Ludwig dem Münchner außerdem die Weinorte Spitz und Schwallenbach in der Wachau ab.

Wachauer Wein

Noch heute trägt die Marktgemeinde Spitz in der Wachau die bayerischen Wecken im Wappen. Der Ort mit dem berühmten »Tausendeimerberg«, der in guten Jahren weit über 50 000 Liter Rebensaft ergab, war der wichtigste Weinlieferant für den Landshuter Hof. Weit über 700 Hektoliter Spitzer Wein wurden jährlich an der herzoglichen Tafel verbraucht. Eine enorme Menge – aber nur ein Drittel des gesamten Jahresbedarfs von rund 2100 Hektolitern, der einem täglichen Verbrauch von knapp sechs Hektolitern entspricht. Der Spitzer Wein gehörte wie der Bayerwein, der rund um Landshut wuchs, zu den durchaus geschätzten, wenn auch eher preisgünstigen Weinen. Am teuersten und prestigeträchtigsten waren Weine aus dem Süden, wie der griechische Malvasier. Damit konnte man Reichtum und Macht am besten zur Schau stellen. In Landshut wurde sage und schreibe siebenmal mehr Geld für Wein ausgegeben als beispielsweise in München. Kein anderer deutscher Fürstenhof konnte sich diesbezüglich mit dem Landshuter Hof messen.

Die endgültige Verständigung mit Herzog Albrecht brachte ein Jahr später eine weitere Frucht: Im sogenannten »Lauinger Landfriedensbund« verpflichteten sich alle wittelsbachischen Häuser, Ludwig, Albrecht und Pfalzgraf Friedrich I., für Frieden und sicheren Handel und Wandel zu sorgen. Im ganzen deutschen Süden, der unter den Konflikten im Haus Wittelsbach heftig gelitten hatte, atmete man auf. Der Rat der mächtigen Reichsstadt Nürnberg ließ sich sogar zu einem hymnischen Dankschreiben hinreißen: Ludwig habe sich mit dem Bündnis im ganzen Reich hohe Würde, Lob und Ehre erworben, dazu Glück und Seligkeit bei Gott.

Das Herzogtum Bayern-Landshut umfasste nun zwei Drittel Bayerns, darunter das reiche Unterland der Ackerbauern, die ertragreichen Weinregionen an Donau und Isar, den Zugriff auf das Reichenhaller Salz und die Silberbergwerke im Tiroler Unterland samt dem wirtschaftlich wichtigen Zugang zu den Alpenpässen. Im Verbund mit der ausgeklügelten modernen Verwaltung und dem daraus resultierenden ungeheuren Staatsschatz machte das Ludwig IX. zum mächtigsten Fürsten Süddeutschlands. Mit den prächtigen Feierlichkeiten seiner Hochzeit mit Amalie von Sachsen, die endlich Mitte Februar 1452 anstand, wollte er das auch aller Welt zeigen.

Die »erste Landshuter Hochzeit«

Ludwig der Reiche feierte seine eigene Hochzeit in Landshut zur Fastnacht des Jahres 1452 mindestens genauso prunkvoll wie die berühmt gewordene Hochzeit, die er für seinen Sohn 1475 ausrichten sollte – vielleicht sogar noch prächtiger; es ist von 22 000 Hochzeitsgästen die Rede, rund 9000 Pferde mussten verpflegt werden. Fürsten, Grafen und Ritter bildeten einen feierlichen Zug, um die Braut einzuholen. Im Lauf des achttägigen Fests wurden mehrere Turniere abgehalten, Abschluss und Höhepunkt war ein Turnier mit 70 Pferden. Während der Festtage konnte jedermann kostenlos essen und trinken, dabei wurden allein in den drei Faschingstagen für 1800 Gulden Fische ver-

zehrt, außerdem 350 Hirsche, 400 Ochsen, nicht ge-
zählt die Kälber, Schweine, das Geflügel und sonstige
Zutaten. 56 Fuder – mehr als 1000 Hektoliter – bayerischer und Wachauer Tischwein wurden ausgeschenkt,
die höheren Gäste tranken italienischen »Welschwein«
und den kostbaren griechischen Malvasier im Wert von
2400 Gulden. Allein dieser Posten betrug – setzt man
für einen Gulden 200 Euro an – rund 480 000 Euro
heutiger Währung.

EIN KAISER WIRD EINGEKREIST

Der Habsburger König Friedrich III. war auf Ludwigs Hochzeit nicht vertreten. Er befand sich zu dieser Zeit auf der Reise nach Rom, wo er sich am 16. März 1452 nach alter Traditi-
on zum Kaiser krönen ließ; es war übrigens das letzte Mal,
dass diese Zeremonie in Rom stattfand. Überhaupt glänzte
das Reichsoberhaupt damals mit dauerhafter Abwesenheit.
Friedrich, dessen Herrschaft während seiner langen Regierungszeit bis 1493 vielfach gefährdet war, reiste nach seiner
Königskrönung 1442 in Aachen tatsächlich 27 Jahre lang
nicht ins Reich. Umso mächtiger und selbstbewusster traten
in dieser Zeit die Reichsfürsten auf. Trotzdem versuchte der
Kaiser, sich mit den wichtigsten von ihnen gut zu stellen, um
einigermaßen ruhig seine österreichische Hausmachtpolitik
voranzutreiben. Hierher gehört auch sein Angebot an Ludwig den Reichen und andere, das Präsidium auf dem ersten
sogenannten »Türkenreichstag« in Regensburg im Mai 1454
zu übernehmen.

Ludwig lehnte das Angebot rundweg ab. Da der Kaiser
selbst nicht kommen wollte, versprach diese Versammlung
kein besonderer Erfolg und damit auch kein Prestigegewinn
für den Landshuter zu werden. Tatsächlich verlief der Reichstag nahezu ergebnislos und vertagte sich schließlich auf den
Herbst nach Frankfurt. Einzig Philipp der Gute, der Herzog
von Burgund, schien ein wirkliches Interesse an einem Krieg
gegen die Osmanen zu haben. Als einer der reichsten und
mächtigsten Fürsten Europas, der sich in Konkurrenz zum Kö-

Türkengefahr

Am 29. Mai 1453 hatten die Osmanen Konstantinopel erobert und damit die tausendjährige Geschichte des Oströmischen Reichs beendet. In Europa wirkte der Fall des christlichen Bollwerks im Osten als Fanal. Groß war die – wie sich wenig später herausstellen sollte – nicht unbegründete Furcht, dass damit für die heidnischen Türken der Weg ins christliche Abendland frei geworden sei. Als weltliches Oberhaupt der Christenheit bot Friedrich III. dem Papst an, ihm bei der Organisation eines Kreuzzuges gegen die Osmanen zu helfen. Allerdings stieß das Vorhaben bei den meisten gekrönten Häuptern Europas auf keine große Resonanz. Sogar die allermeisten Reichsfürsten schickten nur Vertreter nach Regensburg und nicht einmal Kaiser Friedrich selbst war persönlich anwesend. Trotzdem blieb das Thema in den nächsten Jahrzehnten ein politischer und kultureller Dauerbrenner. 1456 bereits hatte der Papst das mittägliche Gebetläuten eingeführt, das speziell der Bitte um die Abwehr der Heiden gelten sollte. Um 1475 kam dazu das Rosenkranzgebet auf, das – hauptsächlich von den Dominikanern – ebenfalls als Gebet zur Abwehr der Türkengefahr propagiert wurde. In zahlreichen Kirchen wurden dazu Marienstatuen im Rosenkranz aufgestellt – sogenannte »Türkenmadonnen«.

nig von Frankreich sah, erhoffte er sich von einem siegreichen Kreuzzug erhebliches Prestige und eine Aufwertung seines Hauses. Die europäische Großmacht Burgund sollte künftig auf Augenhöhe mit den Königen des Abendlands, vor allem dem König von Frankreich, stehen. Die letzten Etappen auf seiner Reise zum Regensburger Reichstag führten den Burgunder durch Herzog Ludwigs Territorium – und der nutzte die Gelegenheit weidlich, dem anerkanntermaßen glanzvollsten Fürsten Europas seinen eigenen Reichtum zu demonstrieren und an dessen Seite zu renommieren.

Burgund in Niederbayern

In Kleidermode und Lebensart orientierte sich damals nahezu das gesamte Abendland am Beispiel des burgundischen Herzogtums. Selbstverständlich war Burgund für die reichen Landshuter Herzöge das große Vorbild. Philipp der Gute hatte kurz vor seiner Fahrt nach Regensburg in Lille das sogenannte »Fasanenfest« veranstalten lassen, eines der wohl prächtigsten Feste der europäischen Geschichte. Auf diesem Fest hatten der Herzog und mit ihm alle Mitglieder des Ordens vom Goldenen Vlies den Kreuzzug gegen die Türken geschworen. Jetzt empfing ihn Herzog Ludwig mit 400 Rittern an der Grenze Bayern-Landshuts zwischen Günzburg und Lauingen und geleitete ihn bis Ingolstadt. Dort bestiegen die Fürsten, die miteinander, wie die Chronisten berichten, ein ausgesprochen freundschaftliches Verhältnis pflegten, vier große Schiffe, mit denen sie donauabwärts fuhren. Ihre Ankunft am 9. Mai 1454 in Regensburg sorgte für unerhörtes Aufsehen. Auf der Rückreise von Regensburg Ende Mai bewirtete Ludwig seinen Vetter (Philipp der Gute war der Sohn einer Straubing-Holländer Wittelsbacherin) zehn Tage lang in Landshut, wo weitere politische Gespräche und Verhandlungen, aber auch wieder prunkvolle Feste, Jagden und Turniere stattfanden. Besonders beeindruckten den Burgunder dabei die gefährlichen Landshuter »Scharfrennen«, bei denen auch Ludwig und Markgraf Albrecht Achilles von Ansbach gegeneinander antraten.

Ludwig IX. von Bayern-Landshut war in den ersten Jahren seiner Regierungszeit ein allseits gefragter Vermittler. Vor allem Kaiser Friedrich III. bestellte ihn häufig zum Schiedsrichter in großen reichspolitischen Streitfällen. Das kam ihm aufgrund seiner Position zu. Ein enges Verhältnis zwischen dem schwachen Habsburgerkaiser und dem mächtigen Wittelsbacher ergab sich dadurch nicht, zumal Habsburg Wittelsbach als Konkur-

Sein Fechtmeister verspricht Herzog Ludwig dem Reichen die Treue.
Fechtbuch für Herzog Ludwig den Reichen, Landshut 1473 (?).

renz fürchten musste – nicht nur, wenn es um die Behauptung habsburgischen Besitzes und von Interessens- und Einfluss-gebieten ging, sondern auch in der Konkurrenz um die Königs- respektive Kaiserkrone. Wittelsbach galt damals neben Habs-burg als *die* königsfähige Dynastie schlechthin.

Zunächst einmal boten die innerhabsburgischen Ausein-andersetzungen Ansatzpunkte für Ludwig, den wittelsbachi-schen Einfluss auszuweiten. Kaiser Friedrich III., der selbst aus der leopoldinischen Habsburgerlinie stammte, also nur Herzog von Steiermark, Kärnten und Krain war, hatte nach den habsburgischen Hausgesetzen die Vormundschaft unter anderem über seinen Vetter Ladislaus Postumus aus der albertinischen Linie. Dieser war im Gegensatz zu seinem Vormund reich. Sein Erbe umfasste neben Ober- und Niederösterreich auch die Königreiche Ungarn und Böhmen. Die nicht unbegründete Befürchtung vieler Zeitgenossen war nun, dass Friedrich III. sich den Zugriff auf Ladislaus und sein reiches Erbe sichern wollte, zumal der Kaiser Anfang der 1450er-Jahre keinerlei Anstalten machte, sein 1440 geborenes Mündel aus der Vormundschaft zu entlassen. So formierte sich eine Adelsopposition um den jungen Ladislaus, die Kaiser Friedrich notfalls mit Gewalt zur Entlassung Ladislaus' aus der Vormundschaft und zur Herausgabe seines Erbes zwingen wollte. Herzog Ludwig der Reiche schloss sich dieser Opposition natürlich nicht offiziell an. Er demonstrierte aber immer wieder seine Sympathien für die Partei des jungen Ladislaus, der überdies – als Sohn des Bruders von Ludwigs Mutter – sein Cousin war.

Viel auf Reisen

Häufig hält sich Ludwig in diesen Tagen in Wien, Prag oder Regensburg auf. Was ihm dagegen seine oberbayerischen Verwandten und deren Residenz München bedeuten, das zeigt das Rechnungsbuch des Münchner Stadtkämmerers: Am 20. Januar 1454 besucht Ludwig die Stadt und nimmt an einem Turnier auf dem Schrannenplatz (dem heutigen Marienplatz) teil. Zwei Tage später erhält er vom Kämmerer das für hohe Besucher obligatorische Wein- und Fischgeschenk. Im städtischen Rechnungsbuch heißt es dazu: »hertzog Ludwigen von Landshut, der vormal nye was hye gewesen ...« Es ist also tatsächlich der erste Besuch des reichen Herzogs in München, mit immerhin knapp 37 Jahren. Später sollte er öfter in die Stadt kommen – und immer würde es ein Turnier geben.

Kurz bevor Friedrich nachgeben und Ladislaus 1252 aus der Vormundschaft entlassen musste, gewährte Ludwig dem jungen Habsburger ein Darlehen von 20 000 Gulden. In der Folge gehörte er zu den wichtigsten Ratgebern des 12-Jährigen, der sein Erbe in Ungarn und 1453 schließlich auch in Böhmen antrat. 1454 lieh Ludwig seinem Cousin noch einmal 40 000 Gulden und erhielt zum Pfand kostbare Kleinodien aus dem luxemburgisch-habsburgischen Familienschatz – ein Vorgang, der später für erheblichen Streit zwischen Ludwig und dem Kaiser sorgen sollte. Denn weit über ihren Materialwert hinaus verband man mit solchen »Heiltümern« damals auch Rechte und Ansprüche auf Herrschaft.

Ein weiteres innerhabsburgisches Konfliktfeld gab es rund um Tirol, wo Herzog Sigmund ebenfalls ein Mündel Friedrichs III. gewesen war. Der Kaiser hatte zwar bereits 1443 den damals 17-Jährigen aus der Vormundschaft entlassen, nicht ohne aber zuvor dessen Herrschaftsbereich aus Tirol, den habsburgischen Vorlanden in Schwaben sowie den Herrschaften in der Schweiz, am Oberrhein und Vorarlberg gehörig auszuplündern. Die anhaltend schlechten Erfahrungen, die Sigmund auf diese Weise mit seiner eigenen Familie gemacht hatte, trieben ihn Anfang der 1450er-Jahre regelrecht in die Arme der Wittelsbacher. Im Verein mit seinem Pfälzer Vetter half Ludwig 1452 Sigismund bei Auseinandersetzungen mit den Schweizer Eidgenossen. Schließlich kam es am 5. August 1455 zu einem umfangreichen Einungs- und Freundschaftsvertrag zwischen Tirol, Bayern-Landshut und Bayern-München. Dabei stellte Ludwig die befreundeten Fürsten ausdrücklich unter seinen Schirm und Schutz. Das Reichsrecht sah es nicht vor, dass ein Fürst gegenüber dem anderen gewissermaßen als »Patron« auf- und damit eindeutig in Konkurrenz zum übergeordneten König trat. Der Landshuter Herzog aber konnte es sich leisten.

Im selben Jahr wurde der Freisinger Dompropst Ulrich von Nußdorf zum Bischof von Passau geweiht. Herzog Ludwig hatte Ulrich gemeinsam mit Ladislaus Postumus durchgesetzt – gegen den Widerstand des Kaisers; ein besonderer Coup, denn Passau war die größte Diözese des Reiches. Sie erstreckte sich vom Osten Bayern-Landshuts über ganz Ober- und Niederösterreich und Wien bis vor die Tore Pressburgs (Bratislava).

Habsburgische Linien

Die habsburgischen Erblande waren seit 1379 unter den herzoglichen Brüdern Albrecht und Leopold geteilt. Die sogenannte Albertinische Linie erhielt Österreich ob und unter der Enns (ungefähr das heutige Ober- und Niederösterreich), die sogenannte Leopoldinische Linie bekam die Steiermark, Kärnten, Tirol und die Vorlande sowie die Krain und die Gebiete an der Adria). Ein Enkel Albrechts brachte es als Albrecht II. zum deutschen König und zum König von Ungarn und von Böhmen. Die albertinische Linie wurde mit ihm reich und mächtig. Sein einziger Sohn, Ladislaus, kam erst nach seinem Tod zur Welt und erhielt deswegen den eigenartigen Beinamen »Postumus«. Die leopoldinische Linie dagegen schwächte sich zusätzlich durch eine weitere Teilung in Innerösterreich (Steiermark, Kärnten, Krain) und Tirol mit den schwäbischen Vorlanden und den Besitzungen am Oberrhein. Kaiser Friedrich III. stammte aus der innerösterreichischen Linie. Sein Bruder Albrecht VI. stand lang in seinem Schatten. Nach dem Tod von Ladislaus Postumus kam es aber zwischen den Brüdern zu einem Konflikt um das Land ob und unter der Enns, das schließlich Albrecht für sich behaupten konnte.

Einen krönenden Abschluss erreichten Herzog Ludwigs politische Bestrebungen gegen Kaiser Friedrich III. und seine Hausmachtpolitik am 16. September 1457. Jetzt zahlte sich sein gutes Verhältnis zu dem jungen Ungarn- und Böhmenkönig aus. Ladislaus und Ludwig schlossen in Wien ein umfangreiches Bündnis, sich im Falle eines Krieges mit jeweils 1000 Bewaffneten beizustehen. Streitigkeiten untereinander sollten nicht mit den Waffen, sondern vor einem Schiedsrichter ausgetragen werden. Zur gleichen Zeit überließ der junge Habsburger dem Landshuter Herzog ein Haus in Wien, das dieser bei seinen vielen Reisen in gemeinsamen Angelegenheiten nutzen sollte.

Nicht auszudenken, welche Möglichkeiten das gemeinsame Vorgehen der bayerischen, Tiroler und österreichischen Herzogtümer und der Königreiche Ungarn und Böhmen gegen Friedrich III. mit seiner schmalen Hausmacht eröffnet hätte. Ludwig, der ja unbestritten der Kopf dieses umfangreichen antikaiserlichen Systems war, hatte vorläufig den Höhepunkt seiner Macht erreicht. Dem Wittelsbacher und seinem Herzogtum schien eine glänzende Zukunft zu leuchten, zumal er zwischenzeitlich, am 15. August 1455, auch Vater eines Sohnes geworden war: Georg, der einmal, wie sein Vater, »der Reiche« genannt werden sollte, wuchs in Burghausen unter der Obhut seiner Mutter Amalie von Sachsen heran.

Doch nur wenige Tage nach dem Bündnis von Wien starb der nur 17-jährige Ladislaus Postumus kurz vor seiner geplanten Hochzeit in Prag. Die Umstände seines Todes sind bis heute nicht recht geklärt. Es wurde gemunkelt, er sei durch Gift gestorben. Seine Krankheitssymptome, die von einem Tag auf den anderen aufgetreten waren, könnten aber auch auf eine schwere Infektionskrankheit oder eine Leukämie hindeuten. Mit Ladislaus starb die albertinische Linie der Habsburger aus. Das umfangreiche Erbe des jungen Königs zerfiel.

Es war nur ein schwacher Trost, dass Kaiser Friedrich von Ladislaus' Tod zunächst nicht profitieren konnte. Die beiden Königreiche machten sich selbständig. Ihrer bemächtigten sich Ladislaus' ehemalige Verwalter: In Böhmen wurde Georg Podiebrad 1458 zum König erhoben, in Ungarn setzte sich Matthias Corvinus durch – auch wenn sich Kaiser Friedrich III. vorübergehend zum ungarischen Gegenkönig krönen ließ.

Die Bedingungen für Ludwigs Politik im Osten seines Herzogtums hatten sich von heute auf morgen verändert. Der Landshuter unterstützte nun Albrecht VI., den aufsässigen Bruder des Kaisers, der den dritten großen Brocken aus Ladislaus' Erbe, das österreichische Land ob der Enns und schließlich auch das Land unter der Enns, in seine Gewalt bringen wollte. Mittels eines Darlehens aus Ludwigs Hand warb Albrecht 3000 Reiter an, mit denen er gegen Friedrich III. vorging. Verhandlungen zwischen den beiden Habsburgern, bei denen Ludwig den Vermittler spielte, brachten keinen nachhaltigen Erfolg. Schließlich standen die Zeichen auf Krieg. 1459 schlossen Albrecht VI. und

Ludwig in Burghausen ein Bündnis gegen den Kaiser. Der Landshuter Herzog witterte Profit, denn für seine viele tausend Gulden schwere Unterstützung, seine Reiter und Fußsoldaten, die er Albrecht zu schicken gedachte, verlangte er von dem Habsburger keine geringen Gegenleistungen. Unter anderem sollte das ganze Land ob der Enns an Herzog Ludwig fallen, wenn Albrecht und Sigmund von Tirol ohne Erben sterben sollten; die Herrschaften Neuburg am Inn, Frauenfels, Wernstein und Neufels sollten sofort an Ludwig gehen.

Tatsächlich gelang es Albrecht VI. 1462, seinen Bruder aus Niederösterreich zu vertreiben und den Kaiser samt seiner Familie in der Hofburg einzuschließen. König Podiebrad von Böhmen musste schließlich ein Entsatzheer schicken, um Friedrich III. zu befreien. Auch danach flackerte der Bruderkrieg immer wieder auf. Erst als Albrecht im Dezember 1463 starb, konnte Friedrich III. legitim und unangefochten sein Erbe in Österreich antreten. Die Hoffnungen Ludwigs des Reichen und die Ansprüche, die er für die Unterstützung Albrechts erhoben hatte, waren damit freilich ein weiteres Mal zerstoben. Aber die österreichischen Angelegenheiten waren da für den Landshuter Herzog längst zu einer Nebensache geworden.

KRIEG IM REICH

Bedrängt von vielen Seiten erwuchs dem Kaiser im Lauf der 1450er-Jahre ein neuer Verbündeter: Markgraf Albrecht Achilles von Brandenburg-Ansbach versuchte mit Hilfe seiner Burggrafschaft über Nürnberg und der Rückendeckung des Kaisers, sein Einflussgebiet in Süddeutschland auszubauen. Dabei geriet er allmählich in immer deutlicheren Gegensatz zu Ludwig dem Reichen, mit dem ihn einst eine Jugendfreundschaft verbunden hatte. »Die zwen fürsten hertzog Ludbig und marggraf Albrecht vil zeit bei einander und heten vil fruntlichs wesen mit rennen, stechen, tantzen und mancherlei kurtzweil«, schrieb der Zeitzeuge Ebran von Wildenberg in seiner Chronik.

Die Zeiten des spielerischen Kräftemessens in den Turnieren und Jagden der Jugend waren längst vorbei. Stein des Anstoßes war der Versuch des Markgrafen, das sogenannte

Kaiserliche Landgericht seiner Burggrafschaft Nürnberg den Landgerichten der Fürsten vor die Nase zu setzen und es zu einem übergeordneten Reichsgericht für ganz Süddeutschland zu machen. Der Kaiser unterstützte das Vorhaben seines treuen Gefolgsmannes aus nachvollziehbaren Gründen: Der Landshuter Herzog trat viel zu groß und mächtig auf und tat ihm ein ums andere Mal Haare in die Suppe – da war es sicher nicht verkehrt, in seinem Rücken einen Konfliktherd zu schüren, damit er sich ohne ständige Wittelsbacher Konkurrenz um seine Habsburger Hausmacht kümmern konnte.

Seit 1455 also stellte sich der Markgraf auf den Standpunkt, dass sein Nürnberger Landgericht »nicht allain gein Swaben, sunnder auch gein Bairn, Franken und Nyderlande« richten sollte, wobei mit »Nyderlande« der ganze Norden Deutschlands gemeint war. Dies kam einem Angriff auf die bayerische Gerichtshoheit gleich, dem die Reaktion Herzog Ludwigs auf den Fuß folgte. Im Verein mit seinem Münchner Vetter ließ Ludwig seinen Rat Dr. Friedrich Mauerkirchner mehrfach beim Kaiser protestieren. Der aber reagierte nicht, bestätigte sogar ein bereits ergangenes Urteil des Landgerichts und zeigte sich gewillt, den Burggrafen von Nürnberg, sprich Markgraf Albrecht Achilles, künftig gleichsam als seinen Stellvertreter in Gerichtsangelegenheiten zu betrachten.

Das Privilegium de non evocando

Dem Herzogtum Bayern stand, wie übrigens auch den Kurfürstentümern des Reichs, das »Privilegium de non evocando« zu. Das bedeutete, dass kein bayerischer Untertan vor ein Reichsgericht gerufen werden durfte. Der Herzog war oberster Richter und als solcher unabhängig vom Kaiser. Lediglich wenn der Herzog sich weigerte, Recht zu sprechen, beziehungsweise wenn zwei Herzöge aneinandergerieten, durfte die Sache vor den Kaiser gebracht werden oder der Kaiser sie vor sein Hofgericht rufen (»evocare«). Daneben durften sich nur Witwen, Waisen, Arme und Studenten direkt an den Kaiser, ihren traditionellen Schutzherrn, wenden.

Selbst wenn Ludwig die Absichten des Kaisers durchschaute, dem es nur darum ging, einen Nebenkriegsschauplatz zu eröffnen, dem Wittelsbacher buchstäblich in den Rücken zu fallen, durfte er sich das nicht gefallen lassen. Auch sein wittelsbachischer Vetter Pfalzgraf Friedrich der Siegreiche fand das Maß voll. Die beiden schlossen am 6. Februar 1458 ein Schutz- und Trutzbündnis auf Lebenszeit und verständigten sich anschließend noch explizit darauf, gegen die Übergriffe des Markgrafen und seines Landgerichts vorzugehen. Diesem Bündnis schlossen sich auch andere an, die sich von dem Brandenburger bedrängt sahen: Pfalzgraf Otto von Mosbach, Bischof Johann von Würzburg sowie eine ganze Reihe von schwäbischen und fränkischen Reichsstädten, die allesamt bereits ihre Erfahrungen mit den markgräflichen Expansionsbestrebungen gemacht hatten. Die große und mächtige Reichsstadt Nürnberg verhielt sich offiziell neutral, zeigte aber deutliche Sympathien für Ludwigs Partei.

Doch auch Albrecht Achilles von Brandenburg-Ansbach konnte auf Verbündete zählen: Zunächst waren das der Kurfürst von Sachsen und der Landgraf von Hessen, mit denen das markgräfliche Haus verwandtschaftlich verbunden war. Dazu kamen der Kurfürst von Mainz, der Graf von Württemberg-Stuttgart, der Markgraf von Baden und der wittelsbachische Herzog von Pfalz-Zweibrücken, die allesamt schon länger Schwierigkeiten mit ihrem Nachbarn, Pfalzgraf Friedrich, hatten. Die Fronten, die sich damit formiert hatten, bestanden nicht nur in den kommenden Kriegsjahren, sondern hielten sich als Reichsparteien bis ins nächste Jahrhundert.

Als Unterpfand für die nun anstehenden Auseinandersetzungen belagerte Ludwig IX. im Oktober 1458 die Reichsstadt Donauwörth und nahm sie ein. Seiner Ansicht nach hatte die strategisch wichtige Stadt an einem Donauübergang vordem zum Herzogtum Bayern-Ingolstadt gehört und war zu Unrecht reichsfrei geworden. Sein Vorgehen brachte ihm automatisch die Reichsacht ein, das heißt, er wurde für fried- und rechtlos erklärt und wurde damit zum offiziellen Reichsfeind. Mit der Exekution der Reichsacht gegen den Landshuter beauftragte der Kaiser Markgraf Albrecht Achilles. Zunächst sah es tatsächlich noch so aus als könnte der Konflikt mehr oder weniger friedlich beigelegt werden. Ludwig zeigte Verhandlungsbereitschaft: Kaiserliches Landgericht gegen Donauwörth. Auf Betreiben des Papstes, der immer noch auf die Einigkeit der deutschen Fürsten und einen gemeinsamen Türkenkreuzzug hoffte, verständigten sich beide Seiten auf ein Schiedsgericht. Unter den Schiedsrichtern war der Bischof von Eichstätt, dem Ludwig im Juli 1459 die Stadt Donauwörth vereinbarungsgemäß übergab. Doch die Schlichtung misslang aus formalen Gründen, und die Angelegenheit spitzte sich weiter zu.

Der Bischof von Eichstätt hatte die Stadt Donauwörth auf Befehl des Kaisers an den kaiserlichen Erbmarschall von Pappenheim weitergereicht, dem die Stadt huldigte, womit sie wieder reichsfrei wurde. Jetzt rüstete Ludwig, der sein Verhandlungsunterpfand verloren hatte, zum Krieg. Aus dem Schatzturm zu Burghausen ließ er sich in diesen Monaten 92 000 Pfund Pfennige kommen, mehr als das Doppelte dessen, was sein Herzogtum jährlich an Steuern abführte. Die Münzen wurden zudem in einer Geheimaktion in Landshut in »Schinderlinge« umgeprägt, ihr Silbergehalt mehr als halbiert.

Die Schinderlingszeit

Die sogenannte »Schinderlingszeit« ist eine der ersten bekannten Hyperinflationen Europas. Aventinus schreibt dazu: »Da ist manig man mit verdorben und der ander reich geworden.« Im habsburgischen Bruderkonflikt hatte Albrecht VI. 1456 begonnen, das Silber seiner Pfennige immer mehr durch Kupfer und Blei zu ersetzen, das sich schnell schwarz färbte, daher der Name »Schwarzpfennige« oder »Schinderlinge«. Der finanzielle Vorteil, den sich Albrecht dadurch zu verschaffen hoffte, hielt nicht lange an. Sein kaiserlicher Bruder und andere Münzherren, wie die Grafen von Öttingen im Ries, zogen bald nach. Schließlich mussten auch die bayerischen Herzöge, die sich lang gegen die Inflation wehrten, schlechtes Geld prägen. Es kam zu einer galoppierenden Inflation

mit allen bekannten Nebenerscheinungen: Schwarz-
markt, Schieberei, Flucht in Sachwerte. Das Inflations-
geld war schließlich in solchen Massen vorhanden, dass
die Kinder auf den Gassen damit spielten. Innerhalb von
zweieinhalb Jahren vervierzehnfachten sich die Preise,
bis schließlich keiner mehr Bargeld nehmen wollte. Seit
1457 wurde regelmäßig in Landshut wegen der Inflation
beraten. Am 7. April 1460 schließlich handelten die bayerischen Herzöge, und der Kaiser schloss sich an: Nur
noch die alten guten Silberpfennige aus Landshut, Regensburg, Passau, Wien und München sollten gelten sowie die Goldmünzen vom Rhein und aus Ungarn. Über
Nacht war die Inflation behoben und die Menschen fass-
ten wieder Vertrauen. So blieb das Geld fast 50 Jahre
lang stabil. Erst nach dem Landshuter Erbfolgekrieg löste ein neuer bayerischer Gulden das mittelalterliche Sil-
bergeld als Zahlungsmittel ab.

Der böhmische König Georg Podiebrad, von vielen Seiten um-
worben, verbündete sich schließlich am 16. Oktober 1459 auf
Lebenszeit mit dem Landshuter Herzog – eine Einigung, die
Ludwig zwar 30 000 rheinische Gulden kostete, ihm aber endlich die Möglichkeit gab, sich im drohenden Krieg gehörig zur
Wehr zu setzen. Denn mit den in Landshut umgeprägten
Silbermünzen gedachte er nun tausende von böhmischen Söld-
nern anzuwerben. Zustande gekommen war das Bündnis unter
anderem auf Vermittlung von Ludwigs Rat Dr. Martin Mair,
einem der herausragenden Juristen und Staatsrechtler seiner
Zeit, der gleichzeitig in Diensten des Böhmenkönigs stand.
Den ganzen Winter über gab es zwar weitere Vermittlungsver-
suche, insbesondere auch des Heiligen Stuhls, bereits im Februar 1460 aber kam es zu ersten kriegerischen Handlungen am
Rhein gegen den Pfalzgrafen, womit der Bündnisfall eingetre-
ten war. Wie die Steine in einem Dominospiel löste jetzt eine
Kriegserklärung die nächste aus.
Ungefähr 30 000 Mann stark war das Heer Herzog Ludwigs
inzwischen geworden, knapp die Hälfte davon waren angewor-

bene Söldner. Sie kamen vor allem aus Böhmen, Österreich und der Schweiz – die umliegenden Reichsfürsten brauchten ihre Leute ja selbst. Der erste Angriff des Landshuter Herzogs galt im April 1460 der Stadt Eichstätt, deren Bischof sich als treuer Diener des Kaisers gezeigt hatte. Das Hochstift Eichstätt bot überdies eine gute Operationsbasis gegen den in Ansbach sitzenden Brandenburger. Nach fünftägiger Belagerung fiel die Bischofsstadt und am Ostermontag 1460 mussten Bischof, Domkapitel sowie die Einwohner des Hochstifts Herzog Ludwig und seinen Nachkommen auf ewige Zeiten Hilfe und Beistand schwören. Damit war der Eichstätter Bischof faktisch Landshuter Untertan geworden. Er musste Kriegsentschädigung zahlen und seine Getreidespeicher für das Landshuter Heer öffnen.

Mitte April stieß Ludwig von Eichstätt aus in das fränkische Territorium des Markgrafen vor, das er künftig zu annektieren gedachte. Erst bei Roth kam der niederbayerische Vorstoß gegen die zahlenmäßig weit unterlegenen brandenburgischen Truppen zum Stehen. Der Markgraf war zunächst Verlierer auf ganzer Linie. In der »Rother Richtung« vom Juni 1460 musste er für alle Zeiten darauf verzichten, bayerische Untertanen vor sein Nürnberger Landgericht zu rufen. Die besetzten Gebiete des Markgrafen sollten überdies bis zu einer endgültigen Regelung weiter in Landshuter Hand bleiben.

Ein Bilderbuchritter

Die Ritterlichkeit des Landshuter Herzogs, der stets selbst bei seinen Leuten war, beeindruckte die Zeitgenossen. Der Chronist Ulrich Fuetrer schrieb: »Er lid auch von seinem kriegsvolk kain schimpflich noch unritterliche noch verräterische that.« Auch wenn Ludwig möglicherweise danach trachtete, die – heute würde man sagen – »Kollateralschäden an Zivilpersonen« relativ gering zu halten: Der zweite Bayerische Krieg wurde zu einem der grausamsten Kriege, die das 15. Jahrhundert erleben sollte.

Über ein Jahr lang wurde nun weiterverhandelt. Der Kaiser, zwischenzeitlich von seinem Bruder Albrecht VI. in arge Bedrängnis gebracht, suchte von sich aus den Ausgleich mit Ludwig dem Reichen. Doch hier zeigte sich der mächtige Landshuter unklug: Er stellte für Friedrich III. unannehmbar hohe Forderungen. Nicht bloß, dass er die von Ladislaus Postumus verpfändeten Kleinodien nur gegen die wichtige Herrschaft Neuburg am Inn herausgeben wollte und dass die Sache mit dem Nürnberger Landgericht endgültig ad acta gelegt werden sollte, verlangte er. Nach Ludwigs Vorstellungen sollte der Kaiser auch anerkennen, dass das Hochstift Eichstätt künftig nicht mehr reichsfrei, sondern bayerisch war und dass ihm die Stadt Donauwörth als Pfand übertragen würde. Des Weiteren forderte er die Ernennung zum obersten Hauptmann und stellvertretenden Schutzherrn des Kaisers gegenüber der Reichsstadt Nürnberg und den schwäbischen Reichsstädten.

Zur gleichen Zeit versuchte Ludwig in gewisser Weise, den bayerischen Krieg zu einer europäischen Angelegenheit zu machen. Er wollte seinen guten Bekannten, den Herzog von Burgund, für seine Sache gewinnen und schickte in gleicher Angelegenheit eine Gesandtschaft nach Venedig. Auch den Papst, die Schweizer Eidgenossenschaft und den König von Frankreich umwarb er. Für ein Bündnis zwischen Wittelsbach und Frankreich sollte Karls VII. nachgeborener Sohn, Karl von Valois, Ludwigs Tochter Margarete zur Frau bekommen.

Am 13. Juni 1461 schließlich brach Ludwig von sich aus die Verhandlungen mit dem Kaiser ab, der ihm einen Monat später den Reichskrieg erklärte: Ludwig habe Majestätsbeleidigung begangen, dem Kaiser das Lehen aufgesagt, die Fehde erklärt und mit Donauwörth und Eichstätt Reichsstände angegriffen. Selbst die alte Sache mit den Regensburger Juden brachte Friedrich wieder aufs Tapet. Ab Mitte August sprachen erneut die Waffen »von kaysers wegen«. Die kaiserlich-markgräflichen Truppen waren ein weiteres Mal unterlegen. Ludwig drang noch weiter in Franken vor, Albrecht VI. marschierte gegen seinen kaiserlichen Bruder in Österreich, zwang ihn zu einem Waffenstillstand.

Den Umschwung im Herbst 1461 brachte der Böhmenkönig Georg Podiebrad, der sich einmal mehr als ein unsicherer Bündnispartner erwies. Statt Partei an der Seite Ludwigs wollte er plötzlich übergeordneter Friedensstifter sein und forderte Ludwig auf, sämtliche böhmischen Söldner aus dem Heer zu entlassen. Es kam zu einer neuen Waffenruhe bis Anfang 1462, doch Markgraf Albrecht Achilles, der sich jetzt im Vorteil glaubte, setzte im Hintergrund alles daran, den Krieg weiterzuführen. Schließlich brachte er eine Reihe weiterer Reichsstädte auf seine Seite, darunter das mächtige Augsburg, überschritt die Donau und drang marodierend in das Landshuter Territorium ein. »Wir thun ew zu wizzen, das marggraue Albrecht starckch zu roß und fuss ijn unnserm lannde ist, Renertzhofen (= Rennertshofen bei Neuburg an der Donau) eingenomen hat und dorinne liegt, uns und die unnsern merklich beschedigt«, so forderte der plötzlich in Bedrängnis geratene Ludwig seine Untertanen zu sofortiger Waffenhilfe auf.

Materialisierung des Kriegs

Seit dem 14. Jahrhundert waren alle Fürsten Europas zur Durchsetzung ihrer militärischen Ziele zunehmend auf Söldnertruppen angewiesen. Die Schlacht bei Mühldorf von 1322 zwischen Ludwig dem Bayern und Friedrich dem Schönen von Österreich ist als die »letzte Ritterschlacht« bekannt geworden. Den Ausschlag für den Sieg Ludwigs gaben damals die »Spießbürger« der bayerischen Städte, die mit ihren langen Lanzen die Pferde der österreichischen Ritter erstachen. Die Hussitenkriege und die eidgenössischen Kriege gegen Habsburg revolutionierten den Krieg vollends. Damals wurden die Ritter endgültig überflüssig, die neuen Techniken des »Kriegshandwerks«, gestützt auf innovative Schlachtordnungen wie den »Gewalthaufen«, Wagenburgen und Feuerwaffen, wurden zum allgemeinen Standard. Viele ehemalige Hussitenkämpfer und Schweizer Söldner machten sich im Lauf des 15. Jahrhunderts selbständig und traten mit ihrem Kriegsgerät und ihrer Erfahrung in den Dienst anderer Fürsten. Sie wurden »Reisige« oder »Reisläufer« genannt, weil sie ständig auf dem Kriegszug waren oder auf der Reise zu neuen Soldgebern. Während der ideale Ritter für die »gerechte Sache« focht, ging es den neuen Soldaten nur um das »solide« Geld.

Gerade die Reichen Herzöge von Bayern-Landshut bedienten sich regelmäßig schweizer und vor allem böhmischer Söldner. Im Gegensatz zu früher zogen die neuen Formen der Kriegsführung die Zivilbevölkerung erheblich mehr in Mitleidenschaft. Die riesigen Heerhaufen, gefürchtet wegen ihres Kampfgeists und ihrer rücksichtslosen Brutalität, unterhielten sich aus dem Land, das sie durchzogen. Ob es sich um Feindesland handelte oder das Land des eigenen Kriegsherrn, der ihnen den Sold schuldig war, spielte dabei keine große Rolle.

Den Bruch des Waffenstillstands durch den Markgrafen aber wollte Böhmenkönig Georg nicht hinnehmen. Er beerdigte seine Schlichterpläne und ging in Oberfranken gegen brandenburgisches Territorium vor. Gleichzeitig griff auch Sigmund von Tirol in den Krieg ein. Allmählich kehrten jetzt auch die böhmischen Söldner in Ludwigs Heer zurück und es kam zu einer Reihe kleinerer Scharmützel und vor allem zu Sengen und Brennen in einem wortwörtlich »verheerenden« Krieg. Endlich trafen bei Giengen an der Brenz zwei große feindliche Heere aufeinander und Herzog Ludwig wagte einen Angriff auf die Wagenburg des Reichsheeres. Dabei ritt der Landshuter an der Spitze seiner Leute. Als man ihn bedrängte, er solle sich nicht gefährden, soll er gesagt haben: »Heute will ich lebendig oder tot bei meinem Volke bleiben.«

Es wurde ein glänzender Sieg. Ludwigs Heer machte reiche Beute: die Zelte des Markgrafen und sein Silbergeschirr, dazu die Fahnen des Feindes samt dem Reichsbanner. Da überdies Pfalzgraf Friedrich gut vierzehn Tage vor dieser legendären »Schlacht bei Giengen« ebenfalls einen vollständigen Sieg bei

Seckenheim errungen hatte, war nun der Widerstand des Gegners gebrochen. Aber auch die eigenen Kräfte hatte der jahrelange Krieg bis zum Äußersten strapaziert. Unmittelbar nach der Schlacht musste Ludwig den Großteil seiner böhmischen Söldner entlassen und ihnen statt baren Soldes Schuldscheine ausstellen – der Schatz des Reichen Herzogs war aufgebraucht.

Wieder kam es zu monatelangen Verhandlungen unter der Vermittlung des Böhmenkönigs. Der war zwischenzeitlich dem Kaiser im Kampf gegen Albrecht VI. zu Hilfe gekommen, hatte ihn aus der umlagerten Hofburg befreit. Jetzt konnte Ludwig von Landshut endgültig nicht mehr auf böhmische Söldner zählen, ganz abgesehen davon, dass er sie nicht mehr hätte zahlen können. So musste er am 24. August 1463 im Frieden von Prag nahezu alles aufgeben, was er Albrecht Achilles militärisch abgenommen hatte. Auch Donauwörth und Eichstätt waren dahin. Der Markgraf seinerseits musste sich allerdings von dem Gedanken verabschieden, künftig in Bayern den obersten Richter zu spielen. Der Kaiser gab vorläufig seine Ansprüche auf die Kleinodien des Ladislaus Postumus auf und erklärte sich bereit, die Einkünfte aus der Regensburger Judensteuer künftig mit Ludwig zu teilen.

Insgesamt hatte der jahrelange Krieg den Landshuter Herzog rund zwei Millionen Gulden gekostet. Ludwig war kein reicher Herzog mehr, sondern hoch verschuldet. Er hatte zahlreiche Herrschaften versetzen müssen. Einige waren auf Dauer verloren. Die Unabhängigkeit, die sich sein Vater mit Hilfe des Reichtums erworben hatte, war auf Jahre dahin. Gegen den Markgrafen hatte er gesiegt und sich gegen den Kaiser behauptet, was ihm bei den Zeitgenossen hohes Ansehen verschaffte. Aber er hatte sich letztlich nicht durchsetzen können. Auch wenn er seinem Beinamen künftig die Ehre geben wollte: So reich, selbstbewusst, ja zuweilen großspurig wie bisher konnte er künftig nicht mehr auftreten.

REFORMEN AUSSEN UND INNEN

Führer der Friedensverhandlungen in Prag war Ludwigs Rat Martin Mair gewesen. Der gelehrte Humanist stand zugleich, was nicht ungewöhnlich war, in Diensten des Böhmenkönigs und anderer Reichsfürsten. Ein Mann, der freilich bei aller Diensteifrigkeit für seinen jeweiligen Auftraggeber nie den eigenen Vorteil aus dem Auge verlor. Gemeinsam mit Mair machte sich Ludwig nun daran, auf diplomatischem Weg zu erreichen, was militärisch nicht zu erringen gewesen war. Das Ziel sollte sein, mit Hilfe einer Reform der Reichsverfassung die Macht des Hauses Wittelsbach auf Kosten der kaiserlich-brandenburgischen Partei zu mehren.

Da aber eine Reichsreform nicht ohne den Kaiser zu schaffen war, machte es sich Mair im Interesse seines Landshuter Dienstherrn zu seiner ersten Aufgabe, den Kaiser durch allerhand Versprechungen zu gewinnen. Mair war in Wien bald erfolgreich. Stundenlang, wenn es sein musste, disputierte er mit Friedrich III. seine Ideen eines Reichslandfriedens, einer einheitlichen Reichssteuer, einer Justizreform und wie das alles mithilfe der Wittelsbacher und der Habsburger umzusetzen sei. Der misstrauische Hohenzollern-Markgraf Albrecht Achilles ließ sich alles haarklein berichten: »vnd ist vast (= sehr) gnediglich angesehen von dem keyser ... vnd ist vast glaublich, das er Romischer kanczler werden mocht. Er ist auch nechten (= vergangene Nacht, gestern) ... ob vijr (= über vier) stunden beij dem keyser gewest.«

Dr. Martin Mair

Der möglicherweise aus der Pfalz stammende Martin Mair war der herausragende Diplomat und einer der umtriebigsten Politiker seiner Zeit. Er studierte in Heidelberg Jura und Theologie, wo er vermutlich 1451 promoviert wurde. Zu seinen frühen Freundschaften gehörte neben dem damals bedeutenden Politiker Gregor von Heimburg auch der kaiserliche Rat Enea Silvio Piccolomini, der spätere Papst Pius II. Sein Unbehagen angesichts der Umstände seiner Zeit und der Zustände

Das Rotmarmor-Grabmal Martin Mairs in der Landshuter Martinskirche zeigt den humanistischen Diplomaten lebensgroß mit Doktorhut, die Hände fromm gefaltet, auf einem Bücherstapel stehend.

in Kirche, Reich und Gesellschaft scheint bereits früh groß gewesen zu sein. Seine diplomatische Karriere begann Mair als Schreiber der Stadt Nürnberg, in deren Auftrag er häufig bei Kaiser Friedrich III. in Wien weilte. In jene Zeit reichen seine ersten Pläne zurück, den seiner Ansicht nach unfähigen Habsburger im Rahmen einer groß angelegten Reichsreform von der Regierung zu verdrängen. Als Piccolomini Kardinal wurde, schrieb er ihm einen berühmten Brief, in dem er die Geldgier der römischen Kurie anprangerte. Zwischenzeitlich in kurmainzischen und böhmischen Diensten, wurde 1459 Ludwig der Reiche sein wichtigster Dienstherr. Mair bezog ein repräsentatives Haus gegenüber der Landshuter Martinskirche, wo in seinen diplomatischen Hochzeiten die Gesandtschaften halb Europas sich die Klinke in die Hand gaben. Mairs Hauptwerk in Landshuter Diensten war die Gründung der Bayerischen Landesuniversität in Ingolstadt 1472. Martin Mair starb 1481 in Landshut.

Mair fühlte auch für eine Aussöhnung zwischen Ludwig von Landshut und dem Kaiser vor. Bei den entsprechenden Verhandlungen ging es zu wie auf dem Basar: Wenn Ludwig die Reichsreform unterstützte, sollte er die Hälfte der in seinem Herzogtum erhobenen neuen allgemeinen Steuer behalten dürfen. Falls er die Kleinodien des Ladislaus Postumus doch noch herausrückte, sollte er die Steuer ganz kriegen. Jedenfalls aber sollte der Herzog zum obersten Reichshofrichter ernannt werden, wofür man andererseits wiederum Albrecht Achilles zu entschädigen hätte.

Es war sicher Mairs diplomatischem Geschick zu verdanken, dass die Wittelsbacher und an ihrer Spitze Herzog Ludwig nach dem mit harten Bandagen geführten Krieg weiter mit dem Kaiser im Gespräch blieben, und obendrein, dass das allmähliche Landshuter Vordringen im habsburgischen Schwaben quasi im Windschatten der Reformpläne geschah. Schon in den 1450er-Jahren hatte Ludwig verschiedene schwäbische Reichsstädte in seinen Schutz genommen; diese Bündnisse erneuerte er jetzt. Bis in die 1470er-Jahre hinein bemühte er

sich, den Westen seines Territoriums, dessen ehemals Ingolstädter Landesteil nach Schwaben hinein ausfranste, zu sichern und abzurunden.

Bayern-München stand seit dem Krieg noch deutlicher im
Schatten des Landshuter Herzogtums als früher. Dazu kam,
dass sich nach dem Tod Albrechts III. 1460 dessen Söhne um
die Herrschaft stritten. Ludwig musste schlichten, 1466 kam es
zu einem gegenseitigen Beistandspakt.

Münchner Bruderstreit

Der neue starke Mann in München war mittlerweile
Albrecht IV., das siebtgeborene von zehn Kindern Albrechts III. Nachdem der zweitgeborene Sohn Ernst zugleich mit dem Vater 1460 verstorben war, regierten der
erstgeborene Johann und der drittgeborene Sigmund
das Herzogtum Bayern-München zunächst gemeinsam.
Nach dem frühen Tod Johanns 1463 drängten die
Münchner Landstände den kunstsinnigen, aber passi-
ven Sigmund, Albrecht an der Regierung zu beteiligen.
Jener war zunächst für eine geistliche Laufbahn bestimmt gewesen. Dafür trieb er umfassende Studien,
hielt sich im Umfeld des Kirchenreformators Nikolaus
von Kues auf, machte gemeinsam mit seinen jüngeren
Brüdern Christoph und Wolfgang eine Italienreise. 1467
schließlich resignierte Sigmund und zog sich auf
Schloss Blutenburg zurück. Albrecht übernahm die Regierung allein, hatte aber über Jahre hinweg Auseinandersetzungen mit Christoph und Wolfgang, die ebenfalls beteiligt werden wollten, was offiziell erst 1492
geschah. 1493 schlossen die drei Brüder schließlich dau-
erhaften Frieden. Herzog Christoph der Starke starb im
gleichen Jahr auf Rhodos und hatte zuvor Albrecht zum
Erben eingesetzt. Wolfgang verzichtete erst im Primogeniturgesetz von 1506 offiziell auf die Mitregierung.
Nach dem Tod seines Bruders Albrecht IV. gehörte er
dem Vormundschaftsrat für seinen Neffen Wilhelm IV.
an. Er starb schließlich 1514 in Landsberg am Lech.

Der Niedergang Georg Podiebrads in Böhmen machte die endgültige Aussöhnung zwischen Herzog Ludwig und Friedrich III. noch dringlicher. Der Böhmenkönig, ein gemäßigter Hussit, war 1464 von der römischen Kurie zum Ketzer erklärt und zwei Jahre später exkommuniziert worden. Es kam zum Adelsaufstand in Böhmen und zum unaufhaltsamen Abstieg des Mannes, den Dr. Martin Mair einst sogar für geeignet gehalten hatte, römischer König zu werden. Bayern-Landshut saß in der Zwickmühle: hier die Bündnisverpflichtungen zu König Georg, dessen Tochter sogar mit dem Landshuter Herzogssohn verlobt war, da die Macht des politischen Zeitgeists.

So brachte das Jahr 1468 endlich den Ausgleich zwischen Kaiser und Herzog und zugleich das Finale des jahrelangen Gezerres um die Kleinodien des Ladislaus Postumus. Ludwig gab sie zurück und versicherte dem Kaiser, er wolle ihn »als unsern und des heiligen reichs fürsten und frewnde gnediglich halten«. Im Gegenzug erhielt Ludwig die Bewilligung einer Maut auf der Donau bei Spitz in der Wachau und das stillschweigende Einverständnis, sich im Krieg gegen seinen alten Verbündeten, König Georg Podiebrad, neutral verhalten zu dürfen.

KONSOLIDIERUNG

Nun folgten Friedensjahre, in denen sich Ludwig auf die alten Stärken seines Herzogtums besann. Der Herzog machte sich an eine tiefgreifende Reorganisation seines Territoriums. Das »Zisterngewölbe«, das Schatzhaus in Burghausen, war leer. Die Bergwerke in Tirol brachten nicht die erhoffte schnelle Erholung der herzoglichen Einnahmen. So galt das Hauptaugenmerk jetzt wieder dem niederbayerischen Bauernland, dessen Überschüsse die herzogliche Kasse sanieren sollten. Die Ämter wurden besser kontrolliert, die Einnahmen übersichtlicher, die Ausbeutung der Güter der herzoglichen Kammer planvoller. 1468 begann man im ehemaligen Landshuter Judenviertel mit dem Bau eines riesigen Kastens, von dem aus die nach wie vor prächtige Hofhaltung des Herzogs versorgt wurde.

Die Maßnahmen griffen schnell. Bereits Anfang der 1470er-Jahre lagen die herzoglichen Einkünfte rund 25 Prozent über

Der Landshuter Herzogshof

»Eines Königssitzes würdig« hat der Chronist Abt Angelus Rumpler aus Vornbach die Landshuter Burg genannt. Unter den drei Reichen Herzögen wurde sie umfangreich umgebaut und luxuriös eingerichtet. Zur Zeit Ludwigs des Reichen waren vor allem Marstall und Hofküche zu klein geworden. Den ständigen Baumaßnahmen auf der Burg entkam Herzog Ludwig, indem er sich eine repräsentative Stadtwohnung schuf: Er ließ das Harnischhaus in der Oberen Länd zu einem regelrechten Stadtpalast mit eigenem Marstall, Kapelle und angeschlossenem Sommerhaus umgestalten. Daneben gab es noch eine zweite herzogliche Stadtwohnung im Zollhaus gegenüber dem Rathaus der Stadt, ganz zu schweigen von den umfangreichen und teuren Hofhaltungen, die in der Familienresidenz zu Burghausen oder im Neuen Schloss von Ingolstadt unterhalten wurden. Allein auf der Landshuter Burg bestand das Hofgesinde aus rund 80 Personen, Edelleute und Räte genauso wie einfache Diener, die täglich verköstigt werden mussten, wie es die Hofordnung vorsah: »Zuerst wellen wir, das vnnser Räte, Grafn, Edellewt, Camrer, Einrufer vnd gemeins Hofgesind alle in der Turnitz (= Dürnitz, Speisesaal) zu tisch sitzen söllen, vnd nemlich die Grafen, Ret (=Räte), vnd Ritter, an dem vorderstn Tisch, darnach die Edellewt, vnd Camrer, vnd die so zu In gesetzt werden, an den anndern Tischen, auf der Pun (= Bühne, Empore), darnach vnnden herab vnnser Trummetter, Einspenig knecht, vnd der Edellewt diener, vnd knecht nacheinander ...«

den Einnahmen aus den ersten Regierungsjahren Ludwigs. So reich allerdings, wie es sein Vater gewesen war und sein Sohn wieder werden sollte, so reich wurde Ludwig der Reiche nie mehr. Das lag daran, dass er das Geld gern mit vollen Händen ausgab, wenn es nur dazu half, die Pracht und das Ansehen seiner Regierung zu steigern. Der große Türkenreichstag zu Regensburg 1471 beispielsweise war eine solche Gelegenheit.

Ludwig trat in Regensburg quasi als Gastgeber auf; seine 1200 in scharlachrote Gewänder gekleideten Begleiter stellten ein Sechstel aller Reichstagsteilnehmer. Der Landshuter war in seinem Element, wenn er als unbestrittener Chef des Hauses Bayern auftreten und den armen Kaiser – wenn schon nicht an politischer Wirkung, so doch im Auftreten – übertrumpfen konnte.

UNIVERSITÄTSGRÜNDUNG

Anfang der 1470er-Jahre konnte Ludwig zusammen mit Martin Mair endlich daran gehen, einen lange schon gehegten Plan in die Tat umzusetzen: die Gründung einer eigenen Universität. Auch hier galt es mit den Habsburgern gleichzuziehen, die bereits 1365 in Wien eine Hohe Schule gegründet hatten. Seit 1385 sorgte die Universität in Heidelberg für das Prestige der wittelsbachischen Verwandten in der Pfalz. Spätestens 1457, als Albrecht VI. im vorderösterreichischen Freiburg im Breisgau eine zweite habsburgische Hochschule eingerichtet hatte, war in Ludwig der Plan für eine eigene bayerische Landesuniversität gereift. Sie sollte nach Ingolstadt kommen, die ehemalige Residenz Ludwigs des Bärtigen.

Die Hohe Schule zu Ingolstadt

Viele der bisherigen Universitätsgründungen im Reich waren entweder vom Kaiser durchgeführt oder von ihm legitimiert worden. Das verbot dem Landshuter Herzog sein durchaus imperialer Stolz. Schon 1458 bat er deswegen Papst Pius II. höchstselbst, sein Vorhaben zu unterstützen. In seinem Brief nach Rom lobte er die Stadt an der Donau über den grünen Klee: »Die Pest herrscht hier nur sehr selten ... Es befinden sich daselbst auch Wälder um die Stadt, zu Spaziergängen einladend, wie auch zur Jagd. In der Stadt sind herrliche Kirchen, besonders der Tempel zur Unserer Lieben Frau, welcher zu großen akademischen Festen hinlänglich Raum bietet ... Die Häuser sind geräumig, manche prachtvoll, sie enthalten Wohnungen für mehr als tausend Studenten ... Der Wein ist etwas teuer, das Fleisch ist gut, das Brot

Die Universität.

Das Pfründnerhaus Ludwigs des Bärtigen wurde 1472 Heimstatt der Hohen Schule. Es blieb das Hauptgebäude der ersten Bayerischen Landesuniversität bis zu ihrem Wegzug aus Ingolstadt im Jahr 1800.

vorzüglich und Fische liefert die Donau ebenso viel, als köstlich.« Bereits am 7. April 1459 erteilte Rom das Stiftungsprivileg. Das Ingolstädter »Studium generale« sollte – im Gegensatz zu Wien – von Anfang an über alle vier Fakultäten verfügen: Theologie, Jurisprudenz, Medizin und die Fakultät der sieben freien Künste, aus der sich später die Philosophische Fakultät entwickelte. Der Krieg zwischen 1459 und 1463 machte allerdings einen Strich durch die Rechnung, die Neugründung schnell umsetzen zu können. Danach war zudem das Geld knapp geworden. Doch auch unter finanziellen Erwägungen blieb Ingolstadt ein idealer Standort.

Spätestens seit der Übernahme des Ingolstädter Landesteils durch die Landshuter Herzöge waren dort die umfangreichen herzoglichen Repräsentationsbauten ins Stocken geraten. Das großzügig geplante neue Schloss im Osten und das herzogliche Münster im Westen waren kaum über die ersten Bauphasen hinausgekommen. Andererseits gab es hier die unmäßig hohen »Seelgerätstiftungen« Ludwigs des Bärtigen: Das riesige »Pfründnerhaus«, in dem die Männer beherbergt wurden, die im Münster unablässig für das Seelenheil des Ingolstädter Herzogs beten sollten, stand bereits seit den 1430er-Jahren. Da der Herzog aber in Burghausen gestorben war und in Raitenhaslach bestattet wurde, war das Seelgerät in Ingolstadt obsolet geworden. 1465 genehmigte der Heilige Stuhl die Säkularisierung der Stiftung zugunsten der Universität. Das Pfründnerhaus wurde das Hauptgebäude der Hohen Schule, das Münster die Universitätskirche.

Zweites Standbein der Finanzierung waren die Pfarreien St. Martin in Landshut und Unsere Liebe Frau in Landau, die jeweils 25 Mark Silber im Jahr für die Besoldung der Dozenten abführen sollten. Das reichte aber bei der kriegsbedingt leeren Kasse des einst reichen Herzogs immer noch nicht. Schließlich erlaubte der Papst, den Besitz der Ingolstädter und Landshuter Franziskanerklöster zu säkularisieren. Die Mönche unterwarf man entsprechend dem Armutsideal des heiligen Franziskus der »strengen Observanz«. Der weltliche Besitz, den die Klöster bis dahin angesammelt hatten, diente jetzt zu »merer und pesser versehung und aufhaltung der doctor und maister«. Alles in allem verfügte damit die Universität künftig über 2500 Gulden jährlich und war damit die mit Abstand bestausgestattete Universität des Reichs.

Anfang Januar 1472 konnte Ludwig der Reiche endlich den Vorlesungsbeginn im März ankündigen. Stolz schrieb er, dass seine neue Universität die gleichen Privilegien und Immunitäten besitze, derer sich auch die Studenten und Professoren einstmals in Athen erfreuten und die sie immer noch in Bologna und (selbstverständlich!) in Wien genössen. Im Gegensatz zu allen bisherigen Universitätsgründungen war die Hohe Schule zu Ingolstadt keine völlig selbständige Korporation, sondern blieb vor allem eine Sache des Landesherrn. Die Professoren, die auch in der Folgezeit zumeist der Herzog berief, und die Studenten mussten bei Immatrikulation oder Amtseinführung einen Treueeid auf das Haus Wittelsbach schwören. Damit zeigte die bayerische Landesuniversität bereits Tendenzen einer Entwicklung hin zur »Körperschaft des öffentlichen Rechts« – Jahrhunderte vor der Aufklärung, in der entsprechende Universitätsverfassungen die Regel wurden.

Die Ludwig-Maximilians-Universität

Ludwig der Reiche verlieh der Universität das Wappen, das die Ludwig-Maximilians-Universität bis heute führt: »Unser Frawen pild in der mitt under dem tabernackl sitzen und ain kind an dem rechten arm auf der schoss.« 328 Jahre lang hatte die erste bayerische Landesuniversität ihre Heimstatt an der Donau. Seit dem 16. Jahrhundert bestimmten die Jesuiten die Hochschule, gegen deren Kontrolle im 18. Jahrhundert immer mehr Professoren aufbegehrten. Solche Auseinandersetzungen und die Napoleonischen Kriege führten im Jahr 1800 zur Verlegung der Universität nach Landshut, bevor sie 1826 endgültig nach München umzog. Ihrem

Bezug auf dieses landesherrliche Patronat nimmt Dr. Martin Mair bei seiner lateinischen Rede anlässlich der feierlichen Eröffnung der Universität am 26. Juni 1472. Sie wirkt trotz der humanistisch gewundenen Formulierungen in der Auffassung bis heute erstaunlich modern:

Mein oft genannter gnädiger Herr ist der Meinung, dass unter den verschiedenen Glücksgaben, die ein sterblicher Mensch in diesem unsicheren Leben als Gottes Geschenk erlangen kann, diejenige bestimmt nicht unter die letzten zu zählen ist, durch welche jemand mit ständigem Studium die Perle der Wissenschaft erringen mag: Denn dieses Glück gewährt ein gutes und sorgenfreies Leben, es bewirkt, dass der Gebildete sich vom Ungebildeten deutlich abhebt, macht den Menschen gottähnlich, führt ihn zu den Geheimnissen der Welt, die es erleuchtet zu erforschen gilt, erhebt ihn über die Ungelehrten und bringt (nicht zuletzt) Menschen von niedriger Geburt zu hoher Stellung ... Handelt Ihr so, dann seid Ihr Ehren und Ämtern gewachsen. Würdig durch Eure Wissensfülle; und ausgezeichnet durch Euren Scharfsinn könnt Ihr zeigen, dass Ihr einen höheren Platz verdient, wie er eben tugendreichen und gelehrten Leuten zukommt. Außerdem werdet Ihr so zweifellos das uneingeschränkte Wohlwollen und die Gunst meines vorgenannten gnädigen Herrn erwerben, der Euch mit seiner väterlichen Huld umfängt. Und so werdet Ihr künftig eure Wasser aus lebendigem Quell schlürfen. Zum Lobe Gottes Amen.

Bei der Eröffnung der Universität war Ludwigs einziger Sohn Georg selbstverständlich mit dabei. Der Herzog hatte ihn bereits Jahre zuvor sukzessive an die Regierung herangeführt. 1463 wird der Achtjährige erstmals als Vertragspartner genannt. Zur Mitte der 70er-Jahre hin darf er in kleineren Angelegenheiten bereits eigenständig agieren.

Das Stifterblatt im ersten Matrikelband der Universität zeigt die »Schöne unsere liebe Frau« von Ingolstadt. Zu ihren Füßen knien Herzog Ludwig der Reiche und der erste Rektor der Universität, Gregor Mendel von Steinfels.

DIE LANDSHUTER HOCHZEIT

Der einstige Bilderbuchritter Ludwig war mittlerweile ein kranker Mann. Sein ganz persönlicher Regierungsstil als »reicher« Herzog hatte einen äußerst ungesunden Lebenswandel mit sich gebracht. Vor allem die repräsentativen Festmähler zu Ehren seiner zahlreichen Gäste hatten körperliche Folgen: Ludwig war korpulent geworden, überdies plagte ihn, wie manchen seiner fürstlichen Zeitgenossen, die Podagra, die Gicht. Vor allem der Bewegungsapparat scheint bei Ludwig betroffen gewesen zu sein. Er konnte sich immer schlechter zu Fuß fortbewegen. Ans Reiten war nicht mehr zu denken – Ludwig musste sich im Wagen fahren lassen. Für kürzere Strecken ließ er sich von Dienern oder von besonders ruhigen Damenpferden, sogenannten Zeltern, in Sänften tragen.

Es war an der Zeit, Weichen für die Zukunft zu stellen. 1474 verheiratete er seine Tochter Margarete in Amberg mit Philipp dem Aufrichtigen, dem Erben der wittelsbachischen Pfalz. Damit waren die alten Familienbeziehungen zur Pfalz ein weiteres Mal gefestigt. Für seinen Sohn Georg hatte der Landshuter wesentlich hochfliegendere Pläne: Nachdem sich die Heiratsabrede für Georg mit einer Böhmenprinzessin durch den Fall Georg Podiebrads zerschlagen hatte, wurden jetzt verwandtschaftliche Verbindungen mit einer wahren Großmacht im Osten hergestellt: Polen. Für Ludwig war Musik in der Sache: Der Jagiellonenkönig Kasimir IV. war einer der schärfsten Rivalen des Habsburgerkaisers.

Die Jagiellonenkönige in Polen

Seit dem Ende des 14. Jahrhunderts war das Königreich Polen mit dem Großfürstentum Litauen vereint. Kasimir IV., seit 1440 Großfürst und seit 1447 polnischer König, hatte 1454 die Habsburgerin Elisabeth, eine Schwester des Ladislaus Postumus, geheiratet und leitete daraus Ansprüche auf Ungarn und Böhmen ab. Aus der Ehe gingen insgesamt 13 Kinder hervor – ein ungeheures dynastisches Kapital. Als der Böhmenkönig Georg Podiebrad 1471 starb, wurde Kasimirs ältester Sohn Wladislaw auf den böhmischen Thron gehoben, erbte damit aber auch den Krieg Georg Podiebrads mit seinem Gegenkönig Matthias Corvinus von Ungarn. Um das Problem des böhmischen Doppelkönigtums zu lösen, schlug Matthias vor, Wladislaw zu adoptieren und dessen Schwester Hedwig zu heiraten. Kasimir aber wollte klare Verhältnisse und suchte sich gegen den Ungarn Verbündete im Reich. Es kam zu einer Eheverabredung für Sophie, die zweite Tochter Kasimirs, mit Friedrich von Brandenburg, dem Sohn von Markgraf Albrecht Achilles (aus der Ehe sollte später der erste Herzog von Preußen hervorgehen). Zur gleichen Zeit schickte er 1473 eine Gesandtschaft nach Landshut und brachte eine Ehe Hedwigs mit Georg ins Spiel. Obwohl er mit Matthias Corvinus eng verbündet war, ging Ludwig der Reiche auf Kasimirs Vorschlag sofort ein. Diese und weitere Ehebündnisse zahlten sich für die Jagiellonen aus. 1479 kam es zur Aussöhnung Wladislaws mit Matthias Corvinus. Man vereinbarte, dass bei dem Tod des einen der andere sowohl Böhmen als auch Ungarn erben sollte. 1490 schließlich war es so weit: Matthias Corvinus starb und Wladislaw wurde alleiniger König von Böhmen, Ungarn und Kroatien. Die Jagiellonen waren damit die mächtigste Dynastie Mitteleuropas.

Am Silvestertag 1474 schlossen der Pole und der Niederbayer den Heiratsvertrag für ihre Kinder. Hedwig sollte eine Mitgift von 32 000 ungarischen Gulden bekommen, insgesamt ließ sich Kasimir die Hochzeit seiner ältesten Tochter 100 000 Gulden kosten. Die Trauung wurde für November 1475 anberaumt. Eingeladen wurden alle fürstlichen Nachbarn der Landshuter sowie alle Wittelsbacher und Kaiser Friedrich III. mit seinem Sohn Maximilian. Die minutiöse Planung der Feierlichkeiten lag in den Händen eines Organisationskomitees, dem rund 80 niederbayerische Beamte und Räte angehörten. Ende September schickten die Landshuter einen Tross nach Wittenberg, um die Braut abzuholen. Weil dort die Pest grassierte und der Zug einen Umweg machen musste, traf die Braut später als geplant in Landshut ein. Erst Anfang des Monats stand der 14. November endgültig als Hochzeitstermin fest. Vor diesem Hintergrund kann man sich vorstellen, wie schwierig es war und welchen logistischen Aufwands es bedurfte, die möglicherweise 10 000 Gäste samt gleich viel Pferden und Wagen in einer Stadt, die ihrerseits höchstens 10 000 Einwohner hatte, unterzubringen und zu verpflegen.

In sämtlichen Bürgerhäusern Landshuts mussten Unterkünfte geschaffen werden, für den Empfang und die Betreuung der Gäste hatten niederbayerische Adelige zu sorgen. Alle Ämter des Herzogtums hatten Lebensmittel für Mensch und Tier in die Hauptstadt zu liefern. Die Gäste und Bürger der Stadt sollten schließlich für die zehntägige Hochzeitsfeier freigehalten werden.

Ein rauschendes Fest

Neben den Summen für die anfallenden Reisen, den Aufwendungen für Hofgewand und Livreen, die nötigen Kleinodien und Geschenke, für Musiker, Handwerker und die Ausgaben der herzoglichen Kammer machten die Kosten für Küche und Keller den bedeutendsten Teilbetrag des Etats aus. Allein 323 Ochsen, 969 Brühschweine und Spansauen, 3295 Schafe und Lämmer, 490 Kälber, 11 500 Gänse, 40 000 Hühner und 194 345 Eier wurden abgerechnet, nicht geachtet die enormen Ausgaben für Fische, Gewürze, Wein, Getreide, Käse, Obst, Viehfutter oder Brennmaterial. Der Gesamtabrechnung zufolge kostete das Fest insgesamt 60 766 rheinische Gulden. Das war weit mehr als das, was das gesamte Herzogtum zu dieser Zeit jährlich erwirtschaftete, und entspricht heute, je nach Schätzung, einem Betrag zwischen neun und 13 Millionen Euro. Vermutlich war Herzog Ludwig nach den Ausgaben für die Hochzeiten von Margarete und vor allem Georg erneut »blank«. Vor diesem Hintergrund ist es zu verstehen, dass er dem Kaiser, als dieser sich am Ende der Hochzeit von ihm 40 000 Gulden leihen wollte, einen Korb gab.

Am Hochzeitstag sahen sich die 18-jährige Braut und der 20-jährige Bräutigam zum ersten Mal. Die beiden konnten sich nur über Dolmetscher verständigen. Der Kaiser und Pfalzgraf Otto II. aus Neumarkt geleiteten Hedwig in die Martinskirche, wo der Erzbischof von Salzburg zusammen mit fünf Amtskollegen die kurze Trauung vollzog. Danach kamen ein Tanz im Rathaus und das offizielle »Beilager«, in dessen Rahmen die jungen Eheleute vor Zeugen das gemeinsame Brautbett zu besteigen hatten. Erst durch diesen symbolischen Akt war die Ehe rechtsgültig vollzogen. Am nächsten Morgen wurden die Morgengabe und andere Brautgeschenke übergeben und Georg und Jadwiga versprachen einander öffentlich Liebe und Treue. Nach einem Festgottesdienst folgte das Hochzeitsmahl. Danach gab es, wie bereits am Vorabend und an den Folgetagen, zahlreiche extrem kostspielige Turniere, Bälle und Festmähler. Als Zeremonienmeister bei der Hochzeit fungierte übrigens Markgraf Albrecht Achilles – Zeichen dafür, dass sich das bayerisch-brandenburgische Verhältnis entspannt hatte.

LUDWIGS LETZTE JAHRE

In der zweiten Hälfte der 1470er-Jahre lebte ein politisches Projekt wieder auf, das Ludwig bereits am Anfang seiner Regierung beschäftigt hatte: das niederländische Erbe. Am 5. Januar 1477 war Burgunderherzog Karl der Kühne in der Schlacht von Nancy umgekommen. Dessen 19-jährige Erbin Maria war zwar seit Mai 1476 mit Maximilian von Österreich verlobt; das hinderte Ludwig aber nicht daran, gemeinsam mit Albrecht von München »alls die rechtn natürlichen erbherren« den wittelsbachischen Anspruch auf die ehemaligen Straubinger Besitzungen Hennegau, Holland, Seeland und Friesland geltend zu machen. Ende März schickten die Herzöge eine Gesandtschaft nach Norden, die dort die Huldigung der niederländischen Stände an die Wittelsbacher erwirken sollte, und unterrichteten den Kaiser darüber, dass sie seinem Sohn Konkurrenz zu machen gedächten.

Doch die Habsburger waren schneller. Bereits Mitte April 1477 wurde die Ehe zwischen Maria und Maximilian geschlossen, im August endgültig vollzogen. Maria sollte die Regentin in Burgund bleiben, ihre Kinder mit Maximilian sollten sie beerben. Ludwig der Reiche ließ sich dadurch nicht beirren. Er bezichtigte Burgund, gegen die wittelsbachischen Rechte zu verstoßen, und kündigte an, seinen Sohn Georg als Statthalter zu schicken. Georg sollte sich womöglich sein Recht »zu Ehren und Ruhm des Hauses Bayern« gewaltsam verschaffen. Dazu kam es aber nicht. Albrecht IV. von München teilte zwar durchaus Ludwigs Idee vom gemeinsamen »Haus Bayern«, dem man wieder zu alter Größe verhelfen müsse. Er wollte aber keinen Schlagabtausch mit den Habsburgern riskieren und stellte sich gegen eine Intervention in den Niederlanden. So musste endlich auch Ludwig die Sache ruhen lassen.

Die Gesundheit des Herzogs verschlechterte sich zusehends. Am 26. Februar 1478 schickte er nach Erhard Windsberger, Professor der Medizin an der Ingolstädter Universität. Dieser arbeitete »mit schwerer Mühe für seiner Gnaden Gesundheit«, konnte aber nur eine vorübergehende Besserung erreichen. Der nächste Winter brachte das Ende: Am 17. Januar 1479 empfing Ludwig in seiner Landshuter Stadtwohnung, dem Harnischhaus, die Sterbesakramente, einen Tag darauf starb er. Sein Leichnam wurde auf dem Söller (»Freisitz« von lat. »solarium«) des Harnischhauses, später in St. Martin aufgebahrt. Bereits am 19. Januar wurde der Herzog, genau wie seine Vorgänger, im Seligenthaler Erdgrab »zu den Gebeinen« seines Vaters Heinrich gelegt.

Die offiziellen Begräbnisfeierlichkeiten für Ludwig fanden erst drei Monate später statt. Sie wurden, was die Zahl der Gäste und das Ausmaß der Kosten betraf, ein erneutes Fest der Superlative. Um die 8000 Trauergäste mussten verköstigt werden, der herzogliche Futtermeister hatte sich erneut um fast 9000 Rösser zu kümmern – nur 300 weniger als bei der Hochzeit von 1475. Allein die Münchner Herzöge Albrecht, Wolfgang und Christoph reisten mit 219 Pferden an. Im ganzen Land wurden Vigilien gehalten und Totenmessen gelesen.

Herzog Ludwig der Reiche. – Denkmal nach einem Entwurf von Friedrich Brugger, gegossen von Ferdinand von Miller d. Ä., 1858.

Fürstliche Selbstdarstellung

Der Ruhm der prächtigen Landshuter Feste hielt sich jahrhundertelang. Doch auch im fürstlichen Alltag war der Aufwand, den die Landshuter Herzöge betrieben, beispiellos. Was etwa den Verbrauch von Speisen und Getränken und die Kosten dafür angeht, übertraf der Landshuter Hof spätestens seit der Zeit Ludwigs die Höfe sämtlicher vergleichbarer Fürsten – auch den des Kaisers – bei weitem. Der Luxus, der hier betrieben wurde, war allerdings kein Selbstzweck. Je besser und prunkvoller die Selbstdarstellung, desto mehr wurde einem Fürsten von außen zugetraut, desto größer wurden seine Möglichkeiten zu politisch wirksamem Eingreifen.

Ludwigs »Grebnus« (Begräbnis) passte zu seinem Leben. Unter allen Landshuter Herzögen hat Ludwig der Reiche sich selbst am prunkvollsten inszeniert – mit Erfolg: Im Gegensatz zu seinem Vater und seinem Sohn, die beide in der Geschichtsschreibung eher als reich, aber geizig und kleinlich charakterisiert wurden, gab man ihm bald weitere Beinamen wie »der Gewaltige oder »der Große«. Obwohl er politisch bei weitem nicht so erfolgreich war wie etwa sein Vater Heinrich, wurde Ludwig noch lange Zeit als einer der bedeutendsten bayerischen Fürsten überhaupt gerühmt. Noch im 19. Jahrhundert widmete ihm seine Universität, die zwischenzeitlich nach München umgezogen war, ein Reiterstandbild im Tympanon ihres Hauptportals. Auch König Ludwig I. ließ 1858 seinem herzoglichen Namensvetter und Vorgänger vor dessen Landshuter Zehentkasten ein Bronzestandbild errichten. Es zeigt Ludwig den Reichen in voller Rüstung, über den Schultern einen prächtigen Mantel. Die Linke hat er auf das Schwert gestützt, in der Rechten hält er die Gründungsurkunde der Universität.

Zum offensichtlich mit viel Bedacht gewählten Image des prächtigen, freigebigen, reichen Fürsten passte auch seine Devise »Du freyst mych. h(erzog) l(udwig)«. Vermutlich hat er bewusst offen gelassen, ob es der Adressat der jeweiligen Urkunde war, der ihn *freute*, oder ob Gott gemeint war, der ihn *befreite*.

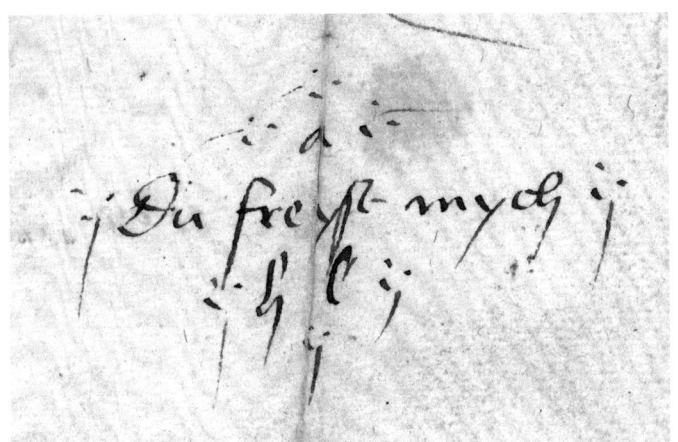

Herzog Ludwigs Devise: „Du freyst mych". – Bayerisches Hauptstaats-archiv, München.

Auffällig ist, dass er die Devise viel flüssiger setzt als Heinrich, dessen »wult gott« oft reichlich krakelig daherkommt. Er scheint viel und häufig selbst geschrieben zu haben. Doch obwohl er sich gern mit gelehrten Leuten umgab, war es mit höherer Bildung bei ihm genauso wenig weit her wie bei seinem Vater oder seinem eigenen Sohn: Mehr als Lesen, Schreiben und Rechnen musste damals kaum ein Fürst können. Französisch wurde bereits damals als Diplomatensprache gelehrt, auf Latein aber verzichtete man bei künftig regierenden Fürsten in der Regel. Gelehrte Studien galten als unritterlich – sie waren Nachgeborenen vorbehalten, die eine geistliche Laufbahn einschlagen sollten.

4 Herzog Georg der Reiche: »wy gott wyll«

Unmittelbar nach dem Tod des alten Herzogs übernahm der mittlerweile 24-jährige Georg das alleinige Regiment. Anders als Ludwig verbrachte er seine letzten Thronfolgerjahre nicht in Burghausen, sondern in Landshut. Bereits vier Tage nach der Beerdigung Ludwigs legte der herzogliche Rat das Treuegelöbnis auf Georg ab. Dr. Martin Mair wurde als wichtigster Rat Ludwigs ehrenvoll bestätigt, scheint aber in der Praxis bis zu seinem Tod 1481 kaum mehr eine Rolle gespielt zu haben. Viel schlechter erging es Rudolf Alber, dem Kanzler des alten Herzogs, der in den allgemeinen Rat zurückgestuft wurde. Seinen Platz nahm nun der Altöttinger Propst Dr. Friedrich Mauerkircher ein.

Taufname Georg

»Georg« war kein traditioneller Name im Haus Wittelsbach. Nach der Eroberung Konstantinopels durch die Türken 1453 wurde der griechische Heilige, seines Zeichens Ritter und Drachentöter, plötzlich ungeheuer populär, in zahlreichen Kirchen stellte man nun Georgsstatuen auf. Es passt zu Herzog Ludwig, dass er für seinen 1455 geborenen Sohn diesen extravaganten und programmatischen Namen auswählte. Auch der 1459 geborene Habsburger Kaisersohn Maximilian sollte zunächst Georg getauft werden. Möglicherweise wegen der Händel, die man damals mit den Landshutern hatte, sah man jedoch davon ab. Georg der Reiche übrigens nannte sich zeitlebens selbst »Gerig« oder »Jerig«.

Offiziell belehnt mit seinem Herzogtum wurde Georg am 22. Mai 1480. Kaiser Friedrich, der zeitlebens mit dem extrem selbstbewussten Ludwig seine liebe Not gehabt hatte, bemühte sich augenscheinlich ganz besonders um den jungen Landshuter Herzog und stattete ihn mit weiteren Privilegien und Ehren aus. In der immer drängenderen Türkenfrage – 1480 stießen die

Türken erstmals weit in Habsburger Gebiet vor und brandschatzten Dörfer und Städte in der Steiermark bis zur Raab – waren sich der Habsburger und der Wittelsbacher absolut einig.

Zwietracht gab es dagegen, wenn es um den Umgang mit König Matthias Corvinus von Ungarn ging, der einerseits mit den Wittelsbachern verbündet war, andererseits die Habsburger schwer bedrängte, in der Steiermark und Niederösterreich vorrückte und sich anschickte, den Kaiser aus Wien zu vertreiben. Streit zwischen Friedrich und Georg gab es von Anfang an auch um die Hochstifte Salzburg und Passau, wo Bayern mit Habsburg um Einfluss rang. So setzte Georg noch im Herbst 1479 seinen neuen Kanzler Friedrich Mauerkircher als – ersten nichtadeligen – Bischof in Passau durch.

Mauerkircher, der auch als Bischof seinen Kanzlerposten bei Georg behielt, stellte sich 1481 mit seiner Diözese unter den Schutz des Ungarnkönigs. Sein Passauer Sprengel reichte ja weit über Wien hinaus. Das war ein Affront gegenüber dem Kaiser, der danach strebte, das ungarische Ausgreifen auf Habsburger Territorium als Angriff auf das Reich darzustellen. Seinen Aufrufen zur Truppenhilfe gegen Ungarn folgten die Reichsfürsten nur widerstrebend, die Wittelsbacher Albrecht und Georg kamen 1481 sogar überein, dem Habsburger auf keinen Fall gegen Matthias Corvinus beizustehen. So marschierte der Ungar auf Kosten der Habsburger immer weiter vor: 1482 fiel die Grenzfestung Hainburg, 1483 Klosterneuburg, 1484 Bruck an der Leitha und 1485 nahm er Wien ein. Friedrich III. war aus seinem eigenen Land vertrieben, Georg der Reiche damit zu König Matthias' Nachbarn geworden. Ein Grund mehr, die Position zwischen Friedrich und Matthias bis zum Tod des Ungarn 1490 in der Schwebe zu halten.

AEIOU

Berühmt ist der Wahlspruch Friedrichs III., den er in sein kaiserliches Monogramm einband: AEIOU – oft gedeutet mit »All Erdreich Ist Oesterreich Untertan« oder »Austria Est Imperare Orbi Universo«. Jetzt hieß es spöttisch: »Aller Erst ist Osterreich Ungerischs.«

Doch nicht nur die Politik im Osten Bayerns barg Konfliktstoff. Die bayerisch-österreichischen Interessen lagen überall dort quer, wo die beiden Territorien aneinandergrenzten – nirgendwo deutlicher als im Westen und Süden, im herrschaftlich enorm aufgesplitterten Schwaben und in Tirol respektive den von dort verwalteten österreichischen Vorlanden. Gerade im Hinblick auf Tirol hatte nach Herzog Ludwigs Tod der Münchner Albrecht IV. die politische Führung übernommen. Als hochgebildeter Mann, der ursprünglich für den geistlichen Stand bestimmt gewesen war, hatte er von seinem verstorbenen Landshuter Vetter die Idee des »einen Hauses Bayern« übernommen. Zu diesem Konzept gehörte unbedingt Tirol, das sich ja erst im 13. Jahrhundert von Bayern gelöst hatte und noch im 14. Jahrhundert wittelsbachisch gewesen war.

Tirol

Das Land zu beiden Seiten des Alpenhauptkamms war durch vielfältig anfallende Zölle und andere Abgaben das reichste Territorium des Heiligen Römischen Reichs. Der Landesherr konnte dort mit jährlichen Einnahmen von weit über 100 000 Gulden rechnen, mehr als doppelt so viel wie in Niederbayern anfielen. Trotzdem und obwohl er von der Mitwelt den Beinamen »der Münzreiche« erhielt, hatte der dortige Habsburger Herzog Sigmund einen riesigen Schuldenberg angehäuft. Die Ausplünderung des Landes durch Kaiser Friedrich während seiner Vormundschaftsregierung über Sigmund, aber auch dauernde Kriege des Herzogs und sein aufwendiger Lebenswandel waren der Grund dafür. Wegen seines dauerhaft schlechten Verhältnisses zu seinem kaiserlichen Vetter hatte Sigmund sich schon zu Zeiten Heinrichs und vor allem Ludwigs des Reichen Bayern angenähert.

Gemeinsam versuchten die Münchner und Landshuter Wittelsbacher in den 80er-Jahren, den Einfluss und die Machtbereiche Bayerns gewaltig auszudehnen. Nach Herzog Ludwigs

Tod 1479 übernahm Albrecht von Bayern-München die Rolle des Geldgebers für Sigmund von Tirol und ließ sich dafür im Lauf der 80er-Jahre zahlreiche Tiroler Herrschaften verschreiben. Der Kaiser mochte vielleicht innerlich über die Verschleuderung habsburgischen Besitzes durch seinen erzherzoglichen Vetter schäumen – nach außen musste er still halten, wollte er neben seinem Kampf gegen Türken und vor allem Ungarn nicht einen erneuten Krieg im Westen.

So hatte auch Georg der Reiche in den sogenannten österreichischen Vorlanden zunächst freie Hand. Sein Vater Ludwig hatte hier noch die Grafschaft Marstetten südlich von Memmingen erworben, er selbst hatte 1481 die illerabwärts liegende Grafschaft Kirchberg dazugekauft. Zwischen deren Gerichten und der großen habsburgischen Markgrafschaft Burgau im Norden gab es ständig Reibereien.

Österreichische Vorlande

Dieses später »Vorderösterreich« genannte Sammelsurium von zersplitterten Herrschaften im heutigen Bayerisch-Schwaben, in Vorarlberg, Baden und Württemberg, der Schweiz und dem Elsaß war urhabsburgisches Gebiet seit dem hohen Mittelalter. Die Habsburger stammten ja aus dem heute schweizerischen Aargau. Nachdem sie ihren dynastischen Schwerpunkt in Richtung Österreich und Wien verlagert hatten und die unmittelbaren habsburgischen Stammlande an die Eidgenossenschaft verloren gegangen waren, wurden die Vorlande zur »Schwanzfeder des Kaiseradlers«. Sie gehörten immer zur tirolischen Nebenlinie der Habsburger. Erst durch die Heirat Maximilians I. mit Maria von Burgund gewannen sie wieder an Bedeutung als Landbrücke nach Burgund im Osten des heutigen Frankreichs. Die Wittelsbacher ihrerseits hatten sich als Erben der Staufer bereits im 13. Jahrhundert am Lechrain festgesetzt. Dort und auch nördlich von Augsburg grenzte ihr Territorium an die Habsburger Herrschaften an.

Ende 1486 war Sigmund von Tirol bereit, das Problem auf bequemem Weg zu lösen: Er verkaufte. Die Markgrafschaft Burgau und Günzburg ging für satte 52 000 Gulden an den Landshuter Herzog und nur ein gutes halbes Jahr später überließ er den Rest der habsburgischen Vorlande für weitere 50 000 Gulden Albrecht und Georg gemeinsam. Der Kaiser, der ja gerade Wien an den Ungarnkönig verloren hatte, musste zuschauen – auch als Herzog Georg eine Strafexpedition gegen die Reichsstadt Nördlingen unternahm, weil sie seine Gerichtshoheit verletzt hatte, und auch als Herzog Albrecht die Reichsgrafschaft Abensberg besetzte, nachdem sein Bruder Christoph der Starke den letzten Abensberger erschlagen hatte. Ebenso blieb Friedrich III. machtloser Zuschauer, als sich Albrecht daranmachte, die große Reichsstadt Regensburg in seine Gewalt zu bringen.

Die österreichischen Vorlande

Regensburg wird bayerisch

Die alte bayerische Hauptstadt, die im 12. Jahrhundert als einzige bayerische Stadt reichsunmittelbar geworden war, hatte enorme wirtschaftliche Probleme: Andere Städte hatten ihr bedeutende Marktanteile im Fernhandel abgenommen, den Nahhandel mit den bayerischen Nachbarn belasteten die schweren Zölle der Bayernherzöge und zuletzt versuchte der Kaiser, dem sonst kaum etwas geblieben war, aus der früher reichen Stadt herauszupressen, was ging.

1485 stellten sich die deprimierten und über den Kaiser erbosten Regensburger Stadtväter unter den Schutz Herzog Albrechts. Am 6. Juli 1486 unterwarf sich die einstmals stolze Reichsstadt Albrecht vollends und wurde Bayern-Münchner Landstadt.

Es schien immer so weiterzugehen; Schlag auf Schlag führten die Wittelsbacher gegen die Habsburger: Im gleichen Jahr kaufte Georg der Reiche die Grafschaft Oettingen-Wallerstein, vermutlich nicht ohne Druck auf deren 13-jährige Alleinerbin Magdalena, die er wohlweislich seit 1483 auf der Burg zu Burghausen erziehen ließ. Anfang 1487 schickte sich Albrecht IV. sogar an, Nachfolger Sigmunds als Herr von Tirol zu werden. Der Münchner und der Tiroler hatten sich zuletzt nämlich gegenseitig den ungeheuren Betrag von einer Million Gulden auf ihre Länder verschrieben. Sollte einer von beiden ohne Erben sterben, durfte der andere die Summe aus dem Land des Verstorbenen eintreiben.

De facto bedeutete das, Tirol würde an Albrecht fallen, denn Sigmund war kinderlos verheiratet. Albrechts Aussichten auf einen Erben dagegen waren jüngst stark gestiegen, denn er hatte wenige Wochen zuvor Friedrichs III. Tochter Kunigunde geheiratet – ohne auch nur in Betracht zu ziehen, dafür die Tiroler Verschreibungen zurückzugeben, wie es der kaiserliche Vater zur Auflage gemacht hatte!

Georg der Zauderer

Die Gelegenheit wäre damals günstig gewesen, die von Matthias Corvinus in die Enge getriebenen Habsburger endgültig als ernst zu nehmende Konkurrenten auszuschalten. Doch Georg erwies sich hier ganz und gar nicht als so zupackend, wie Vater und Großvater es gewesen waren. Er wusste nur zu gut, dass der Krieg die bei weitem kostspieligste aller politischen Optionen war und wie teuer sein Vater den Krieg mit Kaiser und Markgraf bezahlt hatte.

Letztlich aber zog der Herzog, wie sich bald herausstellen sollte, die falsche Lehre aus der Vergangenheit. Vielleicht war er ein wenig zu viel in seinen beträchtlich angewachsenen Burghausener Schatz verliebt, vielleicht aber fürchtete er auch, die Ungarn würden sich, wenn Habsburg erst der Garaus gemacht war, über Niederbayern hermachen.

Mit offenkundigem Staunen registrierte man im Rest des Reichs das entschlossene Vordringen der Wittelsbacher gegen die Habsburger. Der daraus resultierenden wachsenden Unruhe unter den Reichsfürsten ist es auch zuzuschreiben, dass es Friedrich III. 1486 gelang, auf dem Frankfurter Reichstag die Wahl seines Sohnes Maximilian zum Römischen König durchzusetzen.

Die Bayernherzöge ihrerseits mauerten gegen die Ungarnhilfe für den Kaiser, konnten sich aber nicht zur offenen Opposition gegen das Reichsoberhaupt durchringen. Wiederholten Angeboten des Ungarnkönigs, sich vollends auf ihre Seite zu schlagen, antworteten sie ausweichend, obwohl sie wussten, wie wichtig das Vorgehen Königs Matthias' gegen den Kaiser und seine Hausmacht war, um freie Hand für ihre Politik zu haben. Was folgte, war ein gewisser Schwebezustand, der schließlich dem Kaiser zur »zweiten Luft« verhalf: Mitte 1487 kam der Umschwung.

HABSBURG SCHLÄGT ZURÜCK

Kaiser Friedrich suchte schon seit einiger Zeit nach neuen Verbündeten, die gemeinsam zu einem mächtigen Gegner für die bayerische Expansionspolitik werden sollten. Noch zögerten zwar verschiedene Stände in Schwaben, gegen die mächtigen Bayernherzöge aufzustehen. Ein kleiner Anlass gab aber schließlich den Ausschlag: Ende Juni 1487 hatte ein Landshuter Beamter nach Raubrittermanier von der Nördlinger Messe kommende Händler aus Ulm überfallen. Jetzt machte sich die mächtige Reichsstadt an der Donau zum Fürsprecher eines vom Kaiser geforderten Schwäbischen Bundes. Anfang 1488 wurde dieser offiziell gegründet. In den folgenden Monaten schlossen sich ihm die Bischöfe von Trier, Mainz und Augsburg an, dazu so bedeutende Territorien wie Brandenburg (dem Markgrafen war »sein wammes gancz heiß« vor Kriegslust), Württemberg, Baden – und Tirol.

Als 1487 dann auch noch die Tiroler Stände gegen ihren Fürsten zu revoltieren begannen, der mit Unterstützung der Bayern gerade einen aussichtslosen Krieg gegen die Republik Venedig angefangen hatte, mussten Albrecht und Georg zusehen, wie ihnen langsam die so sicher geglaubten Felle davonschwammen. Die Stände in Innsbruck zwangen die bayernfreundlichen Räte Sigmunds zur Flucht, entmachteten den Erzherzog und übernahmen für die nächsten drei Jahre selbst die Verwaltung des Landes. Die Verschreibungen, Verpfändungen und Verkäufe wurden rückgängig gemacht oder ausgelöst, denn die Tiroler Stände hatten einen ausgesprochen solventen Ersatz für die bayerischen Geldgeber gefunden: den Augsburger Handelsherrn Jakob Fugger den Reichen.

Die Misserfolge der jüngsten Zeit belasteten das Verhältnis zwischen dem Landshuter und dem Münchner Herzog nachhaltig. Vielleicht ging Georg jetzt auf, dass sein gebildeter Vetter doch nicht so unfehlbar war, wie er ihm zuweilen vorgekommen sein mochte. Dazu kam sicher, dass er sich über die Verheiratung Albrechts ärgerte. Die beiden hatten sich 1485, als alles danach aussah, als würde der bis dahin unverheiratete Albrecht keine legitimen männliche Nachkommen haben, gegenseitig zum Erben eingesetzt. Jetzt, als Albrecht sich daran machte, doch eigene Kinder zu zeugen, fühlte sich Georg augenscheinlich hintergangen.

Der Kaiser jedenfalls konnte nun genüsslich darangehen, einen Keil in die Wittelsbacher Front zu treiben, indem er einerseits den Druck auf Albrecht verstärkte, nun auch Abensberg und Regensburg zurückzugeben, andererseits Georg in Aussicht stellte, den Schwäbischen Bund zurückzupfeifen, wenn ihn der Landshuter gegen den immer noch drohenden Ungarnkönig unterstütze. Georg, der sich mit dem Schwäbischen Bund mittlerweile in einen schmutzigen Kleinkrieg verwickelt sah, ging auf das Angebot ein und erkaufte sich den Frieden mit dem Kaiser gegen die Zahlung von 36 000 Gulden und den Verzicht auf Burgau, das sich aus eigenen Mitteln aus dem Besitz Georgs loskaufte und 1492 wieder habsburgisch war. Mitte 1489 schloss der Landshuter dann seinen Frieden mit dem Schwäbischen Bund und gab dabei unter anderem seinen Anteil an den Vorlanden zurück.

Der Tod des Ungarnkönigs Matthias Corvinus am 6. April 1490 brachte schließlich die endgültige Wende. Habsburg war endlich den drohenden Zweifrontenkrieg los, die bayerischen Herzöge unversehens in der Defensive. Albrecht von Bayern-München, der viel mehr auf das Erreichte angewiesen war als sein ungleich mächtigerer niederbayerischer Vetter, rang nach wie vor zäh um seine Positionen, die er schließlich doch eine nach der anderen aufgeben musste. Ihm waren im Streit um die Eintreibung einer Kriegssteuer seine Straubinger Ritter in den Rücken gefallen und hatten den sogenannten Löwlerbund gegründet. Als der Kaiser 1491 den Herzog samt der Stadt Regensburg in die Acht tat, wurde der »Bund des Leon« mit der Vollstreckung der Maßnahme betraut. 1492 musste Albrecht klein bei- und Regensburg genauso zurückgeben wie die Grafschaft Abensberg.

Bereits 1490 hatte Erzherzog Sigmund von Tirol nach dreijährigem Ständeregiment endgültig auf die Herrschaft verzichtet. Sein Nachfolger wurde selbstverständlich nicht Albrecht, sondern König Maximilian, der nun mit den Vorlanden über die ersehnte Brücke zwischen seinem Burgund und den habsburgischen Erblanden verfügte. Maximilian wurde allmählich der bestimmende Mann im Reich, während Kaiser Friedrich, inzwischen alt und krank, dazu neigte, sich auf seine Linzer Burg zurückzuziehen. Die bayerischen Herzöge standen vor den Scherben ihrer gemeinsamen Großreichspolitik. Während sich Albrecht IV. in Straubing mit den Löwlern herumschlagen musste, begab sich Georg der Reiche im Herbst 1490 gemeinsam mit König Maximilian auf den Zug gegen die Ungarn.

EINE HABSBURGISCH-WITTELSBACHISCHE UNION?

Der Böhmenkönig Ladislaus (polnisch: Wladislaw), der nach Matthias Corvinus' Tod auch Ungarnkönig wurde, war als älterer Bruder von Georgs Frau Hedwig ja dessen Schwager. Dass der Landshuter Herzog sich jetzt dennoch auf die Habsburger Seite schlug und Maximilian half, seine Erblande zurückzuerobern, zeigt, wie sehr Georg der Reiche sich in diesen Jahren in seiner Politik umorientierte. Von seinem Münchner Vetter und dessen großartigen bayerischen Hausmachtsplänen, denen er sich zeitweise aufs Engste angeschlossen hatte, scheint er schwer enttäuscht gewesen zu sein.

Groß war sicher auch der Ärger darüber, dass Albrecht mittlerweile eigene Kinder, wenn auch bisher »nur« Töchter, hatte. Es galt immer noch der Vertrag von 1485, in dem sich der Münchner und der Landshuter gegenseitig zum Erben eingesetzt hatten – pro forma. De facto konnte sich damals der verheiratete Georg als Erbe des bis dahin unverheirateten Albrecht sehen. Während Albrecht jetzt begründete Aussichten auf Söhne hatte, musste Georg in diesen Jahren die Hoffnung auf eigenen männlichen Nachwuchs endgültig aufgeben. Von seinen möglicherweise fünf Kindern, die er Ende der 1470er- und Anfang der 1480er-Jahre zusammen mit Hedwig hatte, waren nur die Töchter Elisabeth und Margarete am Leben geblieben. Die drei Söhne Ludwig, Ruprecht und Wolfgang, von denen spätere Aufzeichnungen – allerdings ohne Quellenangaben – berichten, sind noch als Kinder gestorben oder waren jedenfalls regierungsunfähig.

Privatleben

Möglicherweise war der Tod der Buben der Grund dafür, dass Georg und Hedwig begannen, sich auseinanderzuleben. Die »Königin von Polen«, wie sie sich zeitlebens stolz nannte, war überdies nach fünf Schwangerschaften in den ersten sieben Ehejahren kränklich geworden. Trotzdem führten die beiden, zumindest nach außen, ein harmonisches Eheleben. Hedwig hielt in Burghausen einen eigenen, sehr aufwendigen Hof und bekam regelmäßig Geschenke von Georg. So schickte der Herzog zur Sommersonnwende 1485 ein Äffchen nach Burghausen, für das Hedwig vom Schmied einen Käfig und eine Kette machen ließ. Die Herzogin bedankte sich im Gegenzug mit einem Strauß weißer Lilien. Kurz darauf schickte Georg seiner Frau einen Zelter, also ein Damenreitpferd, für das sich Hedwig vom Goldschmied ein kostbares silbernes und goldenes Zaumzeug machen ließ. Regelmäßig kamen kleine und größere Aufmerksamkeiten – schöne Stoffe und Kleider, Geschmeide, Beizvögel und Jagdzubehör, dazu allerlei Leckerbissen: ein Wildschwein, eine Gams, Lachse und Renken, Birnen und »Amarellen« (Weichseln), körbeweise Landshuter Weintrauben. Am Burghausener Hof wurden aufwendige Feste gefeiert.

Das Votivbild in der Hedwigskapelle der Burghausener Burg zeigt Herzog Georg den Reichen und seine Gemahlin Hedwig als Stifter, um 1489.

Bereits 1488 war Georg auf die Idee gekommen, eine Ehe zwischen einer seiner Töchter und Philipp, dem in Burgund lebenden Sohn König Maximilians, könnte Bayern-Landshut ganz neue Zukunftsaussichten bringen. Auf dem Nürnberger Reichstag Mitte 1491 wurde schließlich die »Abred ayns heirats« getroffen: Georgs ältere Tochter Elisabeth sollte Philipp heiraten. Detailliert wurden bereits Heiratsgut, Mitgift und Morgengabe festgelegt. Außerdem sollte Herzog Georg für einen Sold von 20 000 Gulden in Burgund die Regentschaft für seinen 13-jährigen künftigen Schwiegersohn übernehmen.

Georg aber, kleinlich, wie er in Gelddingen sein konnte, gab sich nicht zufrieden: Er verlangte 32 000 Gulden. Als Maximilian sich hierauf nicht einließ, wandte er sich an dessen Vater, Kaiser Friedrich III., in Linz, dem er bei dieser Gelegenheit nichts weniger als eine komplette Umstrukturierung Süddeutschlands vorschlug: Wenn die Hochzeit zustandekäme, wäre er bereit, Bayern-Landshut für den Fall seines Todes ohne männliche Erben den Habsburgern zu überschreiben. Dafür verlangte er unter anderem auf Lebzeiten die Verwaltung der Vorlande samt dem Titel eines Herzogs von Schwaben, die Reichsstädte Donauwörth und Weißenburg, die Markgrafschaft Burgau, Schloss Wallerstein, das habsburgische Land ob der Enns und die Würde eines kaiserlichen Reichshofrichters.

Eine Überschreibung Bayern-Landshuts an die Habsburger hätte natürlich noch mehr gegen die wittelsbachischen Hausverträge verstoßen als später Georgs tatsächliches Testament zugunsten der Pfalz. Abgesehen davon aber hätte eine habsburgisch-niederbayerische Allianz das politische Schwergewicht im Süden des Reichs komplett zu Gunsten der Habsburger verschoben. Die »restlichen« Wittelsbacher in München und der Pfalz wären keine ernstliche Konkurrenz mehr gewesen. Vor dem Hintergrund, dass Georg damit quasi auf eine künftige Erhöhung des wittelsbachischen Hauses in Richtung König- bzw. Kaisertum verzichtete, sich als faktischer Führer der wittelsbachischen Partei also von der bisher verfolgten Politik abwandte, nimmt sich der Forderungskatalog für seine Person gar nicht so unmäßig aus.

Andererseits verkannte der Landshuter völlig, dass König Maximilian im Gegensatz zu seinem Vater längst in viel größeren, in europäischen Dimensionen dachte. Er hielt Georg hin, solange ihm das nutzte und Georg seinem Münchner Vetter in Sachen Regensburg und Abensberg nicht zu Hilfe kam. Als Albrecht IV. 1492 endgültig scheiterte, danach eine politische 180-Grad-Wende vollzog, gemeinsame Sache mit dem Schwäbischen Bund machte und sich an Maximilian annäherte, schlief das Heiratsprojekt stillschweigend ein. Georg verfolgte die Angelegenheit noch bis Mai 1493. Danach änderte sich alles: Im August starb Kaiser Friedrich III. und König Maximilian, zu dem Georgs Verhältnis immer kühl geblieben war, hatte nun allein das Sagen im Reich. Gegen Ende des Jahres hörte man gerüchteweise von den Heiratsplänen zwischen Philipp dem Schönen und Johanna von Kastilien. Es lag auf der Hand, dass bei solchen Aussichten für den Königssohn eine niederbayerische Herzogstochter, mochte sie nun reich sein oder nicht, nichts mehr zu melden haben würde. Das Maß war endgültig voll, als Mitte November die Nachricht vom männlichen Nachwuchs in München kam.

Ein Sohn für Herzog Albrecht

Nach drei Töchtern kam am 13. November 1493 Herzog Albrechts erstgeborener Sohn Wilhelm zur Welt. Ein Bote aus München brachte die Nachricht nach Landshut. Konsterniert und wenig begeistert klingt Georgs Anweisung an seinen Kanzleischreiber: »Schreib in, Albrechten, das ich des erfreidt sey. Mach den brief nach dem pesstn. Ich hab dem knecht zweintzig gulden geben.« Im gedrechselten Kanzleideutsch heißt es dann viel diplomatischer, »... das wir sonnder und nit mynnder freude empfanngen, als ob uns solhs selbs zugestanden were, und wünschen ewr lieb darzw vil glükhs«. Das war glatt gelogen. Georg freute sich über Albrechts Sohn keineswegs, als wäre es sein eigener. In München blieb es übrigens nicht bei nur einem Sohn: 1495 wurde Ludwig geboren und im Jahr 1500 Ernst.

In Georgs Augen war nun endgültig klar: Albrecht hatte ihn mit der gegenseitigen Erbschaftsabmachung von 1485 übervorteilen wollen. Das aber sollte nicht geschehen. Bevor Albrecht sein Land kriegen sollte, wollte er, dass Niederbayern ein See wäre und Albrecht eine Ente darauf, soll er gesagt haben. Wörtlich überliefert ist sein folgender Ausspruch über die Münchner: »Ich wellt ee, das sy die feyfel (= eine Drüsenkrankheit bei Pferden) hetten, das sy einen pfenning meins guts sollten erben.« Georgs bisherige politische Welt war zusammengebrochen, alle seine bisherigen Pläne hatten sich zerschlagen. Der Landshuter Herzog musste sich einmal mehr politisch völlig neu orientieren.

ANNÄHERUNG AN DIE PFALZ

Die Pfälzer Wittelsbacher waren seit Heinrichs Zeiten eine wichtige Konstante in der Territorialpolitik der Landshuter Herzöge gewesen. Als Pfalzgraf, damit nach altem Recht Stellvertreter des Königs, wenn dieser nicht im Reich war, spielte Kurfürst Philipp in der zweiten Hälfte des 15. Jahrhunderts eine bedeutende Rolle in der Opposition gegen die Habsburger. Der Heidelberger, sieben Jahre älter als Georg, hatte 1474 dessen Schwester Margarete geheiratet und war im Gegensatz zu seinem Schwager reich mit Erben gesegnet: Von seinen 14 Kindern waren neun Buben, von denen tatsächlich acht überlebten – ein erhebliches dynastisches Potential, wie sich gleich zu Beginn der 1490er-Jahre zeigte.

Um 1490 war in München die Frauenkirche, die Grabkirche des wittelsbachischen Kaisers Ludwigs des Bayern, fertig geworden. Diese wollte Albrecht IV., entsprechend seinem ungebrochenen Streben, den Rang und das Ansehen des Hauses Bayern zu mehren, nun zur Stiftskirche erheben lassen. Der Freisinger Bischof Sixtus von Tannberg und sein Domkapitel fürchteten nicht ohne Grund, dass da langfristig so etwas wie eine kleine selbständige Diözese entstehen oder vielleicht Freising ganz nach München transferiert werden sollte, und suchten Hilfe bei Herzog Georg. Der wollte sich die Gelegenheit natürlich nicht entgehen lassen, bei der künftigen Besetzung des Reichsstifts Freising ein Wort mitzureden, und wandte sich – mangels eigenen männlichen Nachwuchses – an seinen pfalzgräflichen Schwager. Der brachte seinen drittgeborenen Sohn Ruprecht ins Spiel, der damals um die zehn Jahre alt war. Er sollte nach einem Studium in Wien zunächst nominell Koadjutor von Bischof Sixtus werden und ihn nach seinem Tod ersetzen. Einen Strich durch die Rechnung machte damals der Heilige Stuhl: Rom genehmigte den Plan nicht.

Akut wurde die Angelegenheit erst wieder 1495. Im März dieses Jahres verfügte Albrecht den Umzug der Kanonikerstifte Ilmmünster und Schliersee nach München – gegen den heftigen Widerstand des Bischofs. Als aber Sixtus wenige Monate darauf tatsächlich starb, kam die Sache wieder aufs Tapet. In seinem Testament hatte der Bischof verfügt, sein Nachfolger müsse den Prozess gegen Albrecht wegen der Stiftsverlagerung fortsetzen. Herzog Georg und Kurfürst Philipp sagten dem Freisinger Domkapitel, das Ruprecht wählen sollte, dann auch zu, sich in dieser Sache für eine gütliche Einigung einzusetzen – ohne Wissen Albrechts, der die Wahl Ruprechts mittrug, aber in der Stiftssache keine Kompromisse eingehen wollte. Als der Münchner später von der Nebenabsprache erfuhr, reagierte er entsprechend verärgert. Da aber war der 14-jährige Ruprecht bereits offiziell Administrator des Bistums.

Eine weitere Kooperationsmöglichkeit zwischen Pfalz und Bayern-Landshut ergab sich auf dem bayerischen Nordgau. Dort verfügte Herzog Georg über nicht unbedeutenden Besitz. Den größten Teil aber besaß Pfalzgraf Otto II. aus der pfälzischen Nebenlinie Pfalz-Mosbach-Neumarkt. Der unverheiratete Otto war über seine Mutter Johanna ein Enkel Heinrichs des Reichen und hatte immer enge Beziehungen nach Landshut gepflegt. Bei der Hochzeit Georgs war ihm die Ehre zugefallen, die Braut an den Altar zu führen. Bereits um 1490 hatten er und Georg der Reiche geplant, dass die obere Pfalz im Fall des erbenlosen Todes Ottos zunächst an Georg und nach dessen Tod an Philipp fallen sollte – ein deutlicher Hinweis darauf, wie sehr sich Georg schon damals durch die Heirat Albrechts mit Kunigunde hintergangen fühlte.

Die Abneigung des Landshuters gegen seinen Münchner Vetter verfestigte sich in dem Maß, in dem sich gemeinsam mit den Pfälzern neue Aussichten für das große Herzogtum Bayern-Landshut ergaben. Mit Georgs Einverständnis sollte jetzt sein Schwager Philipp die Oberpfalz direkt erben, was nach dem Tod des Pfalzgrafen Otto 1499 auch geschah. Die wittelsbachische Kurpfalz war damit so groß wie nie zuvor, die Aussichten noch viel großartiger: Gemeinsam mit dem reichen niederbayerischen Länderkomplex war daraus ein wittelsbachisches Reich zu schmieden, das die Habsburger in die Schranken weisen konnte. Die Kaiserwürde sollte wieder an Wittelsbach fallen.

Es war ein anderes Reich als es sich Albrecht in den 80er-Jahren erträumt hatte: Das schmächtige Bayern-München würde Pfalz-Niederbayern gegenüber völlig isoliert sein. Herzog Georg wusste, dass all das erst nach seinem Tod Wirklichkeit werden konnte – und trotzdem: Auf diese Karte wollte er jetzt alles setzen.

GEORGS TESTAMENT

Die Pest grassierte um die Mitte der 1490er-Jahre in Niederbayern. Allein in Landshut starben damals um die 3000 Menschen – gut ein Drittel der Gesamtbevölkerung. Zur Hochzeit des »pestilentzisch sterbens«, im Herbst 1495, flüchtete Herzog Georg regelrecht aus seiner niederbayerischen Residenzstadt und begab sich nach Worms, wo während des gesamten Sommers über der Reichstag unbehelligt von der Seuche getagt hatte. Dort hielt sich auch Bianca Maria Sforza auf, die König Maximilian 1494 in zweiter Ehe geheiratet hatte. Auf dem Reichstag zu Worms hatte der Herzog sich nicht blicken lassen, jetzt aber hatte er Gelegenheit, Maximilian öfter zu treffen. Überhaupt suchte der Landshuter Herzog nun die Nähe König Maximilians, gewissermaßen als flankierende Maßnahme zu seinem großen pfälzisch-niederbayerischen Vorhaben. Als Statthalter über sein Herzogtum hatte Georg seinen Kanzler Wolfgang Kolberger eingesetzt.

Margarete, Tochter Herzog Georgs des Reichen. – Gemälde von Hans Wertinger, um 1528.

Margarete

Bereits im Sommer 1494 machte sich Georg daran, alles dafür vorzubereiten, seine ältere Tochter Elisabeth als alleinige Erbin einzusetzen. Sollten tatsächlich künftig auch Töchter erben können, so musste verhindert werden, dass die zweitgeborene Margarete oder ein Schwiegersohn später Ansprüche erheben konnten. Man brachte Margarete also mit 13 Jahren in das Dominikanerinnenkloster Altenhohenau am Inn, wo sie am 8. September 1494 eingekleidet wurde.

Für ihr großes Opfer entschädigte sie der Vater reichlich: »So sie zart auffgezogen ist«, musste sie mit Genehmigung des Dominikanerprovinzials nicht im Kloster selbst wohnen. Der Herzog baute ihr daneben ein eigenes Haus, wo sie auch alle Mahlzeiten einnahm. Sie durfte an den klösterlichen Fasttagen Fleisch essen und auch im Advent »ir Speyß mit Schmaltz kochen«, wozu es regelmäßige Lebensmitteltransporte aus Burghausen gab. Nicht einmal auf feine Bettwäsche aus Leinen und warmen Pelzen musste sie verzichten. Sie hatte Bedienstete und regelmäßige Besuche vor allem der Eltern und war nicht an das klösterliche Schweigegebot gebunden.

Zusätzlich sollte sie eine Barschaft von 16 000 Gulden erben. Margarete erfüllte brav den Willen des Vaters. Nach dem Landshuter Erbfolgekrieg allerdings, als Bayern-Landshut und damit das Kloster Altenhohenau münchnerisch geworden war, wollte sie nicht im Land des Feindes bleiben und floh in das Benediktinerinnenstift Neuburg an der Donau.

Dort wurde sie drei Jahre später Äbtissin und kümmerte sich um die Erziehung von Georgs Enkeln Otttheinrich und Philipp. 1531 starb sie als letzte aus der Herzogslinie Bayern-Landshut.

Aufstieg eines Diplomaten

Wolfgang Kolberger war der Sohn eines Mesners und Schulmeisters aus Altötting und stieg in der Landshuter Kanzlei vom einfachen Schreiber zur rechten Hand des Herzogs auf. Er war der erste Kanzler, der weder Adeliger noch Geistlicher oder an einer Universität ausgebildeter Gelehrter war. Kolberger scheint ein eminent politischer Kopf gewesen zu sein, dem der Herzog so vertraute, dass er ihn als Statthalter eigenständig entscheiden ließ. Er brachte es im Dienst seines Herrn nicht nur zu enormem Wohlstand, sondern wurde zunächst zum Freiherrn, dann zum Grafen erhoben, womit er sich viel Neid und Missgunst einhandelte. Der Chronist Veit Arnpeck schreibt: »Der adl was im darumb gehass, das er ain graf und freiherr gehaissen und doch nur ains mesners sun was.«

Rund ein Jahr lang blieb der Herzog in Worms. Im Mai 1496 hatte er Maximilian so weit, dass der ihn zu seinem »unnd des heiligen reychs hofmeyster« ernannte. Das Amt verpflichtete Georg zur militärischen Hilfeleistung gegenüber dem König und war mit 2000 Gulden monatlich besoldet. Es war vorauszusehen, dass der klamme Habsburger damit in Rückstand geraten, sein Schuldenkonto bei Georg anwachsen würde. Doch das konnte dem reichen Landshuter nur recht sein, wollte er doch das Reichsoberhaupt für seine Pfälzer Pläne verpflichten. So stellte er auch für den geplanten Italienzug Maximilians – der König wollte sich in Rom zum Kaiser krönen lassen – ein ansehnliches Truppenkontingent.

Während seines Wormser Aufenthalts kam Georg regelmäßig in das nur rund 50 Kilometer entfernte Heidelberg zu Pfalzgraf Philipp. Seit Herbst 1495 stand ja fest, dass Georgs Tochter Elisabeth einen der Söhne Philipps heiraten würde. Unklar war nur geblieben, welcher der drei es werden sollte. Im Zug der Verhandlungen über die geplante Hochzeit entstand in der pfälzischen Kanzlei und unter maßgeblichem Einfluss des kurfürstlichen Schwagers auch das berühmte, folgenschwere Testament Georgs zugunsten seiner Tochter.

Das herzogliche Georgianum

Im Rahmen seiner damaligen Testamentsverfügungen legte Herzog Georg überdies sein Seelgerät fest. Neben 20 000 Gulden für die Armen bestätigte er die Gründung eines speziellen Kollegs an der Ingolstädter Universität. Alljährlich sollten dort elf Studenten aus allen Teilen seines Herzogtums kostenlose Studienplätze bekommen. Die Stiftung, eine rechtsfähige staatlich verwaltete Stiftung des Öffentlichen Rechts, wurde mit der Universität 1800 nach Landshut und 1826 nach München verlegt und besteht bis heute. Sie gilt als zweitältestes und einziges unter staatlicher Aufsicht stehendes Priesterseminar der Welt. Das 1496 gegenüber dem der Hohen Schule dazu eigens errichtete stattliche Gebäude samt eigener Kirche in der Ingolstädter Altstadt steht bis heute.

Möglicherweise zeigte man Georg dazu die pfälzische »ErbschafftOrdnung« aus dem Jahr 1395, die festlegte, dass die Töchter der Kurfürsten zwar auf alle Erbschaftsansprüche verzichten müssten, es sei denn, »es weren dann keine söhn vorhanden, alsdann mügen sie zu ihren rechten stehn«. Das weibliche Erbrecht der Pfalz, mochte es auch dem allgemeinen Hausrecht der Wittelsbacher entgegenstehen, gefiel Herzog Georg. Schließlich hatte er für sich auch immer die pfälzische Kurwürde reklamiert. Noch seine Ernennung zum Reichshofmeister kann als eine Art Ersatz für die nicht erfolgte Belehnung mit der Kur verstanden werden.

Wenn auch seine Tochter Elisabeth das Zeitliche segnen solle, so lässt Georg in seinem Testament schreiben, gönne er sein Herzogtum niemandem lieber als »unnsern negstgesipten freundten«, also seinen nächsten Verwandten, seinem Schwager, respektive seinen Neffen. Das Testament nennt keinen der drei in Frage kommenden Buben Philipps ausdrücklich als zukünftigen Schwiegersohn. Damals aber stand bereits fest, dass es der drittgeborene Ruprecht werden sollte, dem Georg vor kurzem auf die Stelle als Freisinger Bistumsadministrator geholfen hatte. Er war ihm dabei wohl besonders ans Herz gewachsen.

Obwohl den genauen Wortlaut des Testaments keiner kannte, hatte natürlich Albrecht IV. genauso wie König Maximilian früh von den Absichten Georgs erfahren, sein Land der Tochter zu vermachen. Nun fiel jedermann auf, dass es zwischen Georg und seinem Münchner Vetter nicht mehr stimmte. Im Vergleich zu früher, wo der Briefwechsel der beiden täglich säckeweise archiviert werden musste, liefen die Beziehungen immer mehr auf Sparflamme. Auch der Ton in den Briefen selbst wurde immer distanzierter. Georg und Albrecht sahen sich 1495 zum letzten Mal persönlich. Dafür lieferten sie sich in den letzten Jahren des 15. Jahrhunderts ein bemerkenswertes Fernduell um die Gunst König Maximilians. Beide erhofften sich von ihm die entscheidende Hilfe für ihre jeweiligen Absichten. Dem Habsburger seinerseits kam die Zwietracht zwischen dem früher unzertrennlichen Wittelsbacher Doppel sehr gelegen.

Zu einer Belastung im Verhältnis zum König wuchs sich allerdings die Prinzipienreiterei aus, die Georg in Gelddingen an den Tag legte. Er, der mit Abstand der reichste Fürst im ganzen Reich war, versuchte aufs Genaueste, seine Außenstände beim König einzutreiben, die sich unter anderem aus seinem ausstehenden Ehrensold als Reichshofmeister angesammelt hatten. Allein zwischen 1497 und 1499 liefen weit über 100 000 Gulden an Forderungen auf. Undiplomatisch – eigentlich wollte er ja um Gutwetter für sein Testament anhalten – nutzte Georg die Schuldbriefe dazu, Maximilian eine Reihe Schlösser und Herrschaften abzutrotzen. Tatsächlich verschlechterte sich das Verhältnis der beiden, je mehr Georg auf den Zahlungen bestand, bis es schließlich zum Bruch mit dem König kam.

RUHE VOR DEM STURM

Im Herzogtum ging ansonsten alles einen geregelten Gang. Die Verwaltungsreformen, die bereits sein Vater in Angriff genommen hatte, baute Georg systematisch aus. Im Land klagte man zuweilen über die Strenge und Härte, mit der kleine Unregelmäßigkeiten und unnötige Ausgaben abgestellt und immer neue Geldquellen erschlossen wurden. Die viel zitierten Silber- und Kupferbergwerke in Tirol dagegen vernachlässigte Georg. Sie hätten Investitionen nötig gehabt, um wirklich ertragreich zu sein. Das aber interessierte ihn wenig. Georg richtete dort zwar ebenfalls eine funktionierende Verwaltung ein, damit die geringen Gewinne abgeschöpft werden konnten, mehr aber auch nicht.

Bautätigkeit

Georg hatte während seiner Regierungszeit die umfangreichen Bautätigkeiten seines Vaters fortgeführt und brachte sie nun allmählich zum Abschluss. In Ingolstadt wurde das bereits von Ludwig dem Bärtigen begonnene Neue Schloss zu einer komfortablen Residenz ausgebaut; noch mehr Burghausen, das unter Georg und Hedwig enorme Zubauten erfahren hatte und dessen ständige Hofhaltung beträchtlich erweitert worden war. In der Zentrale Landshut war bereits unter Ludwig in großem Umfang an der Umwandlung der alten Stammburg in ein prächtiges Schloss gearbeitet worden, dessen eindrucksvolle Schauseite nach Südwesten, nach München zeigte. Um 1500 wurde auch der Turm der Landshuter Martinskirche fertig. Er war in den letzten Jahren mit Absicht und wahrscheinlich entgegen den ursprünglichen Plänen immer höher gezogen worden, um der in den letzten Jahren entstandenen Münchner Frauenkirche Paroli bieten zu können. Bis heute ist der Landshuter Turm nach dem des Straßburger Münsters der zweithöchste Turm des Mittelalters, gleichzeitig der höchste Backsteinturm der Welt. In seinem Inneren arbeitete bereits damals ein mechanisches Uhrwerk, das erste überhaupt, das, wie heute üblich, die Viertelstunden schlug. Es ist überliefert, dass nach seiner Fertigstellung Baumeister und Stadtväter zum Teil von weit her eigens Reisen unternahmen, um den Turm zu besichtigen.

Der sprichwörtliche Reichtum Georgs, der schließlich den seines Vaters und den seines Großvaters übertraf, kam aus dem Bauernland. Der Herzog hortete ihn nicht nur in bar, sondern

Schmähungen Celtis'

Trotz seines unbestritten positiven Einflusses auf die Universität agierte Conrad Celtis in Ingolstadt augenscheinlich nicht besonders glücklich. 1497 griff Kanzler Wofgang Kolberger ein und entband ihn von seinen Aufgaben. Celtis zog weiter nach Wien.

In zahlreichen Schmähgedichten beschimpfte jetzt der Mainfranke die Ingolstädter, die Bayern überhaupt, im schönsten Humanistenlatein als biersaufende »Rapophagi«, als »Rübenfresser«, die nichts anderes als die körperliche Liebe im Kopf hätten und stets unsinnig herumbrüllten. Eines seiner massivsten Spottgedichte lautet übersetzt so:

Wenn die trunkene Bavaria am Essenstisch Platz nimmt
Ist nur von Obszönem die schamlose Rede.
Oft entfährt da dem schändlichen Mund eine Zote,
gleich darauf meldet sich ein stinkender Hintern
zu Wort.
Da wird nicht auf Knaben geachtet und nicht auf
die Zartheit von Mädchen.
Keiner hat die Stirn, Einhalt zu tun der
barbarischen Bande.
Was ich bisher verschwiegen, sag ich jetzt Euch
gleich ins Gsicht:
Barbarisches Land, erfüllt von barbarischen Leuten!

auch in Form von Getreide- und anderen Vorräten in seinen Kästen. Besonders der Landadel, der die Pflegen innehatte, litt unter diesem Regiment, durfte er doch seinen Lebensunterhalt nicht mehr aus den Herrschaften selbst bestreiten, sondern musste alles abliefern und erhielt dafür ein regelmäßiges Gehalt. Kein Wunder, dass man dem reichen Herzog hinter vorgehaltener Hand Habgier und Geiz nachsagte.

Noch bevor 1495 das Reichskammergericht gegründet worden war, hatte Georg ebenfalls gegen den Widerstand des nie-

derbayerischen Adels, vermutlich auf Anregung seiner Ingolstädter Juristen, das römische Recht in seinem Herzogtum eingeführt. Auch entwickelte sich die Universität in seiner Regierungszeit prächtig, wurde im Vergleich zu anderen Hochschulen zu einem regelrechten Hort des Humanismus, dessen Strahlkraft weit über das Ende des Landshuter Herzogtums hinaus anhielt.

So holte der Herzog beispielsweise den Erzhumanisten Conrad Celtis nach Ingolstadt, den Kaiser Friedrich III. auf dem Nürnberger Reichstag 1487 zum »poeta laureatus« gekrönt hatte. Obwohl die Studenten ihrem Professor Celtis häufig Faulheit vorwarfen, prägten er und seine berühmten Schüler die Entwicklung der Ingolstädter Universität nachhaltig.

Selbst seinen ehemaligen Herrn, den Landshuter Herzog, den er früher »Zierde und Ruhm unseres erlauchtigsten Volkes« genannt hatte, nennt Celtis nun aus der Sicherheit des Wiener Hofs einen Wüstling und Ehebrecher:

Nichts wird im Land der Bayern weniger geahndet
als aus dem Bett der Ehe in ein andres zu springen.
Der Grund: Über den Fürsten selbst wird schon
solches gesungen
Und kein Mädchen ist vor seinem Schwanz sicher.

Celtis hatte mit diesen Gedichten enormen Einfluss auf die humanistischen Geschichtsschreiber, die an dem Landshuter Herzog in der Folge kein gutes Haar ließen. Dass ein Fürst sich eine oder mehrere Geliebte nahm, war an sich nichts Ungewöhnliches. Georgs Favoritin hieß Anna Grünbacher. In einem eigenhändig verfassten geheimen Testament vermachte ihr der Herzog 1503 das Schloss Zangberg bei Mühldorf und der gemeinsamen unehelichen Tochter ein Heiratsgut von 1000 Gulden.

1499 endlich heirateten Georgs Tochter Elisabeth und Pfalzgraf Ruprecht, nachdem der 18-Jährige ein Jahr zuvor offiziell auf alle geistlichen Würden verzichtet hatte. Ruprechts Nachfolger in Freising wurde sein älterer Bruder Philipp. Böse Zungen verbreiteten sich später gern über die zwei päpstlichen Dispense, die Ruprecht für seine Ehe gebraucht habe: einmal die Erlaubnis, vom geistlichen Stand zurückzutreten, und zum anderen die Genehmigung, seine Cousine ersten Grades heiraten zu dürfen. Das Paar lebte bis zum Tod Georgs unauffällig in den pfälzischen Residenzen Heidelberg und Amberg. Der Landshuter Herzog hatte – eigenbrötlerisch, wie er geworden war – eine von seinem Pfälzer Schwager ins Spiel gebrachte vorzeitige Mitregierung Ruprechts abgelehnt. Sie hätte möglicherweise den Erbschaftsübergang erleichtert.

Die Ehe des jungen Pfalzgrafenpaars war gesegnet. Bereits 1500 kamen die Zwillinge Ruprecht und Georg zur Welt, danach folgten Ottheinrich 1502 und Philipp 1503. Herzog Georg konnte beruhigt sein: In dieser Hinsicht zumindest lief alles nach Plan. Aus der Politik scheint er sich in dieser Zeit immer mehr zurückgezogen zu haben: Mit dem König, mit Herzog Albrecht und anderen Fürsten verkehrte er nur noch über seine Räte. Schon früher hatte er viel von seiner Schreibstube aus regiert. Jetzt tendierte er dazu, selbst mit seinen Räten nur noch schriftlich zu verkehren. Vor allem aus seinen letzten Jahren sind zahlreiche Dokumente in seiner charakteristisch kräftigen Handschrift erhalten.

Georg begriff in seinen letzten Jahren, dass es wahrscheinlich nötig sein würde, sein Vermächtnis mit Waffengewalt durchzusetzen. Er ordnete an, das Land für den Krieg zu rüsten und Truppen zu werben. Von 1500 bis 1503 erließ er sechs Rüstungsausschreiben für sein Herzogtum. Bereits in den Jahren 1501 und 1502 verpflichtete er eine Reihe böhmischer Adeliger, die ihm im Ernstfall mit Truppenkontingenten zu Hilfe kommen sollten. Dazu ließ der Herzog umfangreiche Getreidelager anlegen und verbot den Weiterverkauf, insbesondere den Export von Nahrungsmitteln aus Niederbayern. Der Schatz im Burghausener Turm wuchs. Es herrschte Ruhe im Land. Doch es war die Ruhe vor dem Sturm.

HERZOG GEORGS ENDE

Auch auf der Burghausener Burg war es nach dem Weggang der beiden Töchter still geworden. Herzogin Hedwig war schon lange kränklich gewesen, zu Beginn des Jahres 1502 aber wurde es ernst. Anfang Februar brachte ein Bote Medikamente aus Landshut, die »in irer Plodigkait« (»Blödigkeit« = Gebrechlichkeit) helfen sollen. Es kam ein Arzt aus Salzburg, der seinerseits Medikamente beim Burghauser Apotheker bestellte. Doch die Behandlung schlug nicht an. Um die Faschingstage schließlich lag die Herzogin im Sterben, der Burghausener Magistrat schickte drei Nächte lang Bürgerwachen auf die Straßen – »von wegen unser gnädigen Frauen etc., domit man still und züchtig sey«.

Ein Trauergedicht auf Herzogin Hedwig

Professor Jakob Locher, genannt »Philomusus« (= Musenfreund), Celtis' Nachfolger auf dem Ingolstädter Poetiklehrstuhl, schrieb ein umfangreiches Trauergedicht auf die Herzogin, das folgendermaßen endet (Übersetzung von Alfons Beckenbauer):

Aus ihrem Schoß hätte hervorgehen können ein
gewaltiger Sohn,
Der in seiner Hand hätte halten können
Bayerns Zepter,
Der führen hätte können die heimischen Stämme
und das weite Herzogtum
Unter der Fahne des Krieges und in der Schlachtreihe.
Der Tod, der wütende, hat nun mit sich genommen
das treue Unterpfand Georgs,
Unseres unbesiegten Fürsten. O Schmerz, o Schande!

Am 18. Februar 1502 starb Hedwig mit 44 Jahren. Ein reitender Bote überbrachte die Nachricht nach Landshut. Die Braut der Landshuter Hochzeit wurde in der Familiengruft zu Raitenhaslach bestattet. Besondere Festlichkeiten mit dem Herzog und zahlreichen anderen Gästen fanden erst zum »Siebenten«, zum »Dreißigsten« und zum ersten Jahrestag statt. Unmittelbar nach ihrem Tod bekräftigte Georg sein Testament – diesmal eigenhändig. Er wusste, dass es auf alle Fälle gültig sein musste, denn eigene männliche Erben würde er nicht mehr haben.

In der herzoglichen Kanzlei aber regte sich Widerstand gegen die Pläne Georgs und der Pfälzer. Der Rat war gespalten, ein Teil der Räte, an ihrer Spitze der bewährte altgediente Kanzler Wolfgang Kolberger, wollte den Herzog umstimmen. Georg argwöhnte, man habe das geheime Testament an den Münchner Konkurrenten verraten. Dabei war der Inhalt in groben Zügen schon vor Jahren durchgesickert. Doch der Herzog machte kurzen Prozess: Am Ostersonntag 1502 ließ er Kanzler Kolberger wegen Geheimnisverrats verhaften.

Fall eines Diplomaten

Im Herbst 1502 wurde Kolberger als Staatsgefangener nach Burghausen gebracht, wo er auch nach Georgs Tod und während der Jahre der Auseinandersetzung um das Landshuter Erbe blieb. Nach dem Erbfolgekrieg wurde er mitsamt der »fahrenden Habe« der Reichen Herzöge nach Neuburg verlegt, wo die Enkel Georgs erzogen wurden und später residierten. Damit wollte man sicherstellen, dass Kolberger sein Insiderwissen nicht in den Dienst des Münchner Herzogs oder des Kaisers stellen konnte. Andererseits ließ man Kolberger während seiner insgesamt 17-jährigen Haft mehrfach Expertisen zu strittigen Fragen der Erbschaftsregelungen anfertigen. Der ehemalige Graf, der nicht nur seine Stellung, sondern auch Titel und Besitz verloren hatte, bat dabei regelmäßig um Hafterleichterungen. Erst 1519, als Kolberger etwa 70 Jahre alt war, kam der tief gefallene Staatsmann aus dem Neuburger Kerker frei.

Georg scheint vorzeitig gealtert, trotz seiner erst 47 Jahre. Der in früheren Zeiten als leidenschaftlicher Turnierritter bekannte Herzog war, wie der Ingolstädter Stadtschreiber Andreas Zainer berichtet, »mit inwendiger Krankheit, vielleicht erwachsen aus seinem Zutrinken oder Rennen und Stechen, beladen«. Er nahm regelmäßig Medikamente. Im Winter 1502 zog er ganz in das bequeme Burghausen und schloss sich dort bis zum Frühjahr ein. Nur noch seinen Hofmarschall Sigmund von Fraunberg ließ er zu sich. Über Fraunberger gingen die schriftlichen Anweisungen an die Räte in Landshut und in alle Welt. Wieder zurück in Landshut spürte der Herzog, dass es jetzt ernst wurde und ihm nur noch wenige Monate blieben. Um ganz sicher zu gehen, nahm er den Neffen und Schwiegersohn Ruprecht nun auch noch an Sohnes statt an.

Ende September 1503 machte er sich auf eine Reise nach Wildbad im Schwarzwald. Dort hoffte er auf Erleichterung seiner Beschwerden. Doch in Lauingen an der Donau endete die Reise; der Wagen mit dem Herzog kehrte um. Das neue Schloss

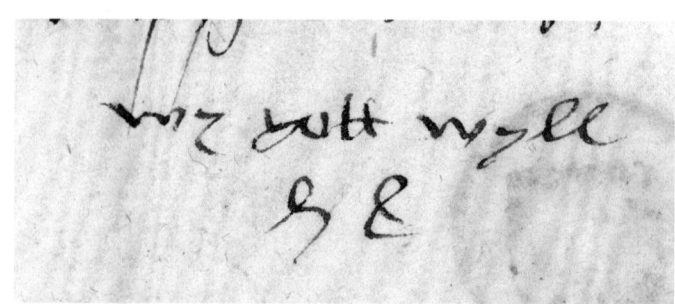

Herzog Georgs Devise: »wy Gott wyll«. – Bayerisches Hauptstaatsarchiv, München.

zu Ingolstadt wurde Georgs letzte Herberge. Vier »Doctores« kümmerten sich Tag und Nacht um ihn. Sein Schwiegersohn Ruprecht eilte an das Lager des Sterbenden. Georg versuchte, die niederbayerischen Stände zur Huldigung an Ruprecht zu bewegen. Ein Mahnschreiben des Königs, die Übergabe Niederbayerns an den Pfälzer sei nicht nur ein Verstoß gegen bayerisches Hausrecht, sondern auch gegen das Lehensrecht des Reichs, ignorierte Georg, ebenso einen Brandbrief seiner Landshuter Räte, an ihrer Spitze der Hofmarschall Sigmund von Fraunberg, er solle sein aussichtsloses Vorhaben aufgeben.

Der Herzog wies daraufhin seine letzten Treuen in Ingolstadt an, allen Schriftverkehr nach Landshut einzustellen, und schickte Ruprecht in die Residenzstadt. Georg hatte »den hochgebornnen fürsten, unnsern lieben sone, tochterman und vettern, herrn Ruprechten«, dort als Verwalter mit herzogsgleichen Befugnissen eingesetzt. Die Urkunde unterfertigte er ein letztes Mal mit seinem »handtzaichen«: wy gott wyll. h(erzog) g(eorg).

5 Das Ende Niederbayerns: Krieg und Frieden

HARTE FRONTEN

Am Freitag, den 1. Dezember 1503, stirbt der letzte der Reichen Herzöge im Neuen Schloss zu Ingolstadt »bald nach sieben des Morgens als er Meß gehört ... in der obern großen Stuben neben der Tür«, wie der Ingolstädter Stadtschreiber Andreas Zainer berichtet. Der Stadtarzt Meister Michl Schmid wurde umgehend beauftragt, die Leiche für einige Tage aufbewahrungs- und schließlich auch transportfähig zu machen. Dazu mussten die »Ingewaid« herausgeschnitten werden. Schmid fand das Herz »gesund, allein die Leber als sey sy ersotten und foller beser Blattern« (= Blasen, Wucherungen).

Um Ruprecht Zeit zu weiteren Rüstungsmaßnahmen zu verschaffen, versuchte man den Tod Georgs so lang wie möglich geheim zu halten. Erst am Abend des 5. Dezember wurde der Tod des Herzogs in der Ingolstädter Franziskanerkirche offiziell verkündet, »als sollt er dieselbe Nacht erst gestorben sein«. Der Leichnam wurde darauf in feierlicher Prozession in die Liebfrauenkirche überführt, eskortiert von schwarzgekleideten Reisigen mit brennenden Fackeln. An die Armen wurden reichliche Almosen verteilt. Nach Vigil und Seelenamt wurde der tote Herzog am nächsten Tag zwischen neun und zehn Uhr mit großem Geleit aus der Stadt gebracht. Nach drei Tagen Fahrt über Wolnzach und Moosburg kam der Trauerzug in Landshut an und Georg der Reiche wurde im Seligenthaler Familiengrab wie üblich im Sarg seines Vaters bestattet. Große Trauerfeierlichkeiten, wie Georg selbst sie noch für seinen Vater ausgerichtet hatte, unterblieben verständlicherweise.

Ruprechts Vater, Kurfürst Philipp, schickte bereits Truppen nach Niederbayern und ließ aus der Pfalz Rüstungen und Harnische nach Amberg kommen. Dort, in der legendären eisernen Oberpfalz, wurde dazu in fieberhafter Arbeit neues Kriegsgerät angefertigt. Büchsenmeister wurden eingestellt. Herzog

Eine Flugschrift

Die Klatschpresse der frühen Neuzeit, die Flugschriften, echauffierten sich über die Vorgänge um Tod und Erbschaft Herzog Georgs:

> Nun hört was übel auf erden!
> Die welt will nit besser werden!
> Untreu und neid ist der lauf
> Und würft sich über das recht auf,
> als ietzo gegenwärtig ist,
> das zeig ich an in kurzer frist,
> von dem fürsten, reich genant,
> herzog Jörgen in Bairenland;
> wie des tod mit sundrer list
> etlich tag verporgen gewesen ist,
> als ob er noch im leben wär,
> den rechten erben zur gefähr.

Ruprecht hatte mit seinen Kriegsleuten, etwa dem Franken Georg von Rosenberg und dem Salzburger Jörg Wiesbeck, inzwischen die Burgen in Landshut und Burghausen besetzt und sich in den Besitz von Georgs Schatz gebracht. Er soll 1503/1504 um die 1,2 Millionen Rheinische Gulden ausgemacht haben, nicht gerechnet die 300 000 Gulden für berühmte Kleinodien wie das Goldene Rössl, den Wert des kostbaren Tafelsilbers und den der Naturalien in den prall gefüllten herzoglichen Kästen. Setzt man für einen Rheinischen Gulden um die 200 Euro heutiger Währung an, wäre allein die Barschaft des Schatzes bis zu 260 Millionen Euro wert gewesen – auch nach heutigen Maßstäben eine gewaltige Summe. Doch Krieg ist heute wie damals ein extrem kostspieliges Geschäft und verschlingt in wenigen Monaten weitaus größere Beträge.

Am 10. Dezember begannen in Landshut die niederbayerischen Landstände zu tagen. Bald war klar, Adel, Geistlichkeit und Städte wollten sich weder auf die pfälzische noch auf die Münchner Seite schlagen. Sie strebten eine Selbstverwaltung Niederbayerns durch einen 64-köpfigen Ausschuss mit einer zwölfköpfigen Regierung an. Kurz vor Weihnachten riefen sie

Die Eingeweide Herzog Georgs sind in der Wittelsbachergruft des Ingolstädter Liebfrauenmünsters bestattet, wo sie heute noch in einer quader-
förmigen Bleiurne liegen. Die kleine Urne darüber enthält das Herz von
Anna von Bourbon, der ersten Gemahlin Ludwigs des Bärtigen.

den König als Vermittler an. Maximilian setzte für Januar einen Schlichtungstermin in Augsburg an. Er genoss die Situation sichtlich: »Sichstu, eß stat allß an mir«, soll er zu einem
Vertrauten gesagt haben, »ich sol ein heren zu Bayren machen«.

Der König war zwischenzeitlich nicht untätig gewesen,
hatte Niederbayern als an das Reich heimgefallen erklärt und,
inoffiziell zunächst, die Münchner Herzöge Albrecht und

Wolfgang mit Georgs Hinterlassenschaft belehnt. In einer gesonderten Urkunde, die von den Münchnern unterzeichnet wurde, war bei dieser Gelegenheit erstmals die Rede von des Königs »mercklich interesse und ansprache«. Bei den Verhandlungen mit Albrecht, Ruprecht und den Landständen, die sich bis in den April hinzogen, wurden »Interesse und Ansprüche« des Königs immer deutlicher.

Königliches »Interesse«

Die Ansprüche, die König Maximilian aus Georgs Erbe für sich geltend machte, umfassten insgesamt 20 Posten. Neben einer Reihe von kleineren Forderungen lag das Schwergewicht in Schwaben rund um die Markgrafschaft Burgau, dazu kamen die drei tirolischen Ämter Rattenberg, Kitzbühel und Kufstein, außerdem Neuburg am Inn, zahlreiche Vogteirechte und darüber hinaus die Streichung sämtlicher Schulden sowie die letzte Landsteuer Bayern-Landshuts in Höhe von 100 000 Gulden. Mit dem Kölner Spruch, der 1505 den Erbfolgekrieg beendete, setzte Maximilian diese Ansprüche in politische Fakten um.

Wenn es nach dem König ging, sollte aber auch den Pfälzer Ansprüchen »gerechtigkait« widerfahren. Ruprecht zeigte sich bereit zum Verzicht auf das Erbe, wenn er das Landshuter Oberland rund um Ingolstadt bekäme – ein Kompromissvorschlag, der die spätere Bildung der sogenannten »Jungen Pfalz« vorwegnahm. Albrecht hätte auch hier zugestimmt. Doch der König spielte weiter auf Zeit, um eventuell noch mehr aus Georgs Erbe für sich herausschlagen zu können.

DER LANDSHUTER ERBFOLGEKRIEG

Schließlich verloren Ruprecht und Elisabeth die Geduld. Am 17. April 1504 stellten die beiden ihre Verhandlungsgegner vor vollendete Tatsachen: Von den Burgen in Landshut und Burghausen aus nahmen sie die beiden Residenzstädte im Handstreich, besetzten sie und vertrieben die Regenten der Landschaft. Die Chronisten berichten, wie Elisabeth in Jeanne-d'Arc-Manier hoch zu Ross im glänzenden Harnisch vor das Landshuter Rathaus stürmte. Jetzt war es unvermeidlich, dass Maximilian Partei bezog. Eine knappe Woche darauf sprach er Albrecht Georgs komplettes Erbe zu – mit Ausnahme seines »Interesses« natürlich. Pfalzgraf Ruprecht und Elisabeth kamen in die Reichsacht. Wiederum sechs Tage später erklärten die Münchner den Pfälzern den Krieg. Albrecht IV. wusste neben König Maximilian auch den Schwäbischen Bund hinter sich, dazu eine Reihe von Reichsfürsten und die mächtige Reichsstadt Nürnberg, die bei dieser Gelegenheit ihren Einflussbereich auf dem Nordgau auszuweiten gedachte. Ruprecht und Elisabeth wurden unterstützt von Kurfürst Philipp von der Pfalz und dem niederbayerischen Adel. Ihr wichtigstes Pfund aber war natürlich der Burghausener Schatz, der böhmische Söldner in Scharen anzog. Auf kaiserlicher und Münchner Seite wurden ebenfalls massenhaft Söldner geworben, wenn auch auf Pump.

Die Haufen gedungener Krieger, geführt von skrupellosen Hauptleuten, durchzogen ein dreiviertel Jahr lang mordend und brennend das Land. Es wurde ein Abnützungs- und Ermüdungskrieg, der an Grausamkeit den Feldzügen des späteren Dreißigjährigen Krieges in nichts nachstand: Ruprechts Truppen zogen von Stadt zu Stadt, um sie zur Huldigung zu zwingen, verheerten das Münchner Territorium südlich von Ingolstadt und in der Hallertau. König Maximilian stieß von den Vorlanden aus in die Donaugegend von Neuburg vor. Die von Ruprechts Truppen befestigte Stadt konnte er zwar nicht nehmen, dafür verwüsteten seine Söldner weitum die Höfe und Ernten, die Straßen und Brücken, bevor sie sich in Richtung Rhein wendeten, um in der Pfalz schwerste Schäden anzurichten. Herzog Albrecht wiederum ging gleich an zwei Fronten vor: Er griff einerseits die Städte an oberer Donau und am Lech an, andererseits zog er in das Herz Niederbayerns selbst, nahm Moosburg, besetzte das Rottal und eroberte Landau an der Isar. Neun Tage lang ließ er die von den freiwillig abziehenden Truppen Ruprechts angezündete Stadt plündern. Ingolstadt begab sich freiwillig in seine Hände. An der Hauptstadt Landshut aber biss er sich die Zähne aus.

Götz von Berlichingen

Am 23. Juni 1504 spielte sich vor den Toren Landshuts eine der bekanntesten Episoden des Kriegs ab. Die Hauptfigur ist der durch Goethes gleichnamiges Schauspiel berühmt gewordene Götz von Berlichingen, der auf kaiserliche Seite getreten war, obwohl zwei seiner Brüder in pfalzgräflichen Diensten standen. Der 24-jährige Freiherr aus Jagsthausen verlor seine Hand durch »freundliches Feuer« aus einer Nürnberger Feldschlange. Später schreibt er in seinen Lebenserinnerungen: »Wie wir demnach am Sonntag vor Landshut wieder scharmützelten, da richten die von Nürnberg das Geschütz in Feind und Freund und scheußt mir einer den Schwert-Knauf mit einer Feldschlangen entzwei, daß mir das halbe Theil in den Arm ging, also daß es mich noch wundert, daß es mich nicht vom Gaul herab gezogen hat und daß der Arm hinten und vornen zerschmettert war. Und wie ich das so sehe, so hängt die Hand noch ein wenig an der Haut und leit der Spieß dem Gaul unter den Füßen.« Götz wurde in die aus seiner Sicht feindliche Stadt Landshut gebracht, wo man ihn gesund pflegte. Pfalzgraf Ruprecht besuchte ihn sogar am Krankenbett. Vielleicht war es einer der seinerzeit berühmten Landshuter Plattner, der Götz seine legendäre »eiserne Hand« gemacht hat, eine der allerersten beweglichen Prothesen. Sie funktionierte so gut, dass er noch viele Jahre das Kriegshandwerk ausüben konnte: »Und nachdem ich nun schier sechzig Jahr mit einer Faust Krieg, Fehd und Händel gehabt, so kann ich wahrlich nicht anders befinden noch sagen, dann daß der Allmächtig, Ewig Barmherzige Gott wunderbarlich mit Großen Gnaden bei und mit mir in allen meinen Kriegen, Fehden und Gefährlichkeiten gewesen.«

Unentschieden tobten die Kämpfe wochenlang. Zu einer entscheidenden Schlacht kam es vorerst nicht. Dafür überboten sich die Heerhaufen gegenseitig im Sengen, Morden und

Brennen. Überall herrschte Hunger, Seuchen begannen zu wüten. Diese Begleiterscheinungen entschieden letztlich den Krieg. In Landshut raffte die Ruhr die erstgeborenen Söhne des Pfalzgrafenpaares, Ruprecht und Georg, dahin. Am 20. August 1504 wurde der erst 23-jährige Pfalzgraf Ruprecht selbst Opfer der Krankheit. Acht Tage lang wurde sein Tod »verhalten«, während seine Truppen weiter wüteten, Burglengenfeld und Braunau belagerten und einnahmen. Für Kurfürst Philipp aber wurde nach dem Tod seines Sohnes der Krieg sinnlos. Am 10. September schloss er mit Maximilian einen Waffenstillstand. Jetzt hatte der König die Hand frei, die böhmischen Söldner »aus dem Land zu schlagen«: Am 12. September kam es in Wenzenbach bei Regensburg zur einzigen offenen Feldschlacht des Kriegs. Drei Tage nach der verlorenen Schlacht starb auch die 26-jährige Pfalzgräfin Elisabeth an der Ruhr. Das fürstliche Paar hinterließ zwei überlebende Kinder, den 1502 geborenen Ottheinrich und den ein Jahr jüngeren Philipp.

Unter dem Vorwand, es ginge um das Erbe der beiden Enkel Georgs des Reichen, kämpfte die gedungene Soldateska einfach weiter – Geld war ja noch da. Der Schatz der Reichen Herzöge wurde zum Fluch: Die Hauptleute von Landshut hatten das kostbare Silbergeschirr aus der Landshuter Burg »verscherbelt«, also in Stücke zerschlagen an die Soldaten ausgezahlt, oder gleich fuderweise nach Venedig verkauft. Überall wurden Bauern gefangen, Fuhr- und Kaufleute überfallen, immer wieder gänzlich Unbeteiligte entführt, erstochen, erschlagen. Vilshofen wurde belagert und erstürmt, Burghausen brannte – Horrorszenarien spielten sich ab: »Und also ist solcher Schreck im Volk gewesen, dass die Kinder in ihrer Mutter Leib mochten verdorben sein«, berichtet Stadtschreiber Zainer.

Maximilian hätte nach der Schlacht bei Wenzenbach dem Blutvergießen ein Ende machen können. Er aber hatte zunächst die Sicherung seines »Interesses« im Blick. So zog er nach der »löblichen Überwindung der Ketzer und Beham« mit seinen Schweizer Landsknechten ins bayerische »Land im Gebirg«. Auf der Veste Kufstein leistete ihm der Pfleger Hans von Pienzenau mit 50 Mann heftigen, aber letztlich sinnlosen

Widerstand. In einer zeitgenössischen Moritat heißt es: »Der pfleger war ein stolzer man, er nam die sach nach dem bösen an, er wollt sich nicht ergeben; hätt er dasselbig nit gethan, so hätt er behalten sein leben.«

Königliche Willkür

Die Belagerung Kufsteins wurde durch das »Geschütz« entschieden. Die Kanonen trugen so klangvolle Namen wie »Türkische Kaiserin«, »Burgunderin«, »Schöne Kathl« oder »Weck auf von Österreich«. Am 16. Oktober war die Veste Kufstein erobert. Die Verteidiger ergaben sich – aber Maximilian ließ ein Exempel statuieren. Der getreue Pienzenauer und 17 seiner Anhänger wurden enthauptet und miteinander in ein Massengrab geworfen. Der König hatte sein »Interesse« gesichert. Die tirolischen Ämter Rattenberg, Kitzbühl und Kufstein mit den Silberbergwerken und Erzgruben wurden Habsburger Eigentum – aber nur vorübergehend. Maximilian hatte zwar durch den Landshuter Erbfolgekrieg seine politische Situation im Reich deutlich gefestigt, dafür drückten ihn die Schulden bei den Augsburger Handelsherren, die seinen Krieg finanziert hatten. Die ehemaligen Landshuter Besitzungen in Schwaben musste er 1507 an die Fugger verkaufen. Die Tiroler Bergwerke blieben zwar sein Eigentum, mussten aber verpfändet werden an die Augsburger Handelsherrn, die sie zu dauerhaft sprudelnden Geldquellen ausbauten.

Nach der Eroberung Kufsteins machte sich Maximilian endlich daran, die Fackel des Krieges zu löschen. Sein »Kehrab« entlang Isar, Inn und Salzach um die Jahreswende 1504/05 brachte noch einmal die schlimmsten Kriegsgreuel übers Unterland. Die Hauptleute der Pfälzer gaben erst auf, nachdem sich Kurfürst Philipp und sogar Papst Julius II. persönlich an sie gewandt hatten – und das letzte Geld aufgebraucht war. Am 5. Februar 1505 kam es endlich zum Waffenstillstand. Für das alte Herzogtum Bayern aber hatte sich der Spruch Bischof Philipps von Freising bestätigt. Der Bruder Pfalzgraf Ruprechts hatte bereits im Juli 1504 gesagt: »Wann ihr Fürsten von Bayern einander lang umtreibt, so muss es doch zuletzt mit euer aller Schaden und Nachteil gerichtet werden.«

Nach dem Motto »Teile und herrsche!« verfuhr Maximilian in seinem abschließenden »Kölner Schiedsspruch« am 30. Juli

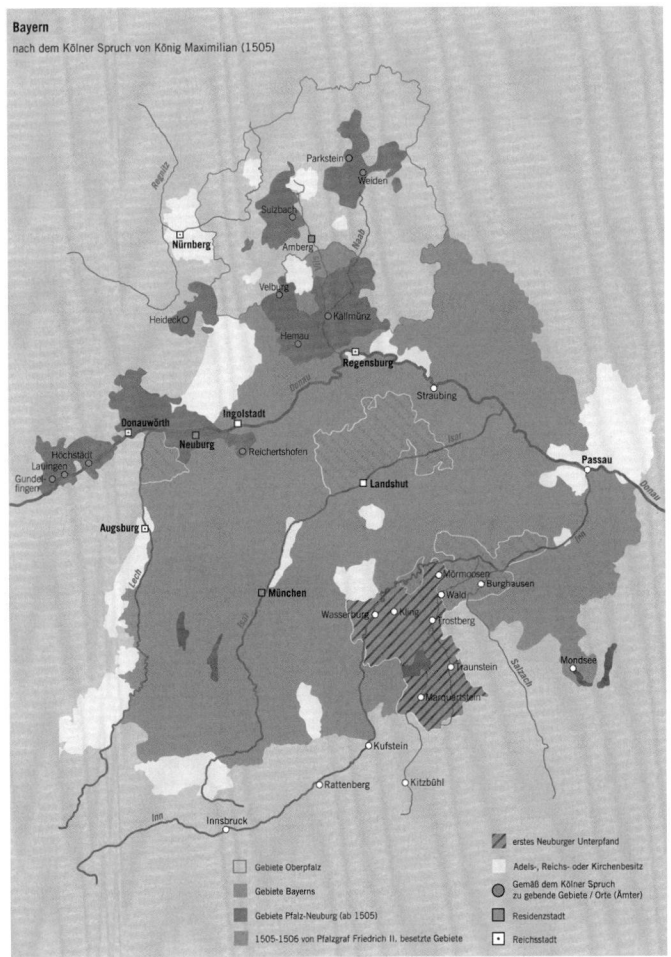

Bayern nach dem »Kölner Spruch« Maximilians I., 1505.

1505. Was sich längst abgezeichnet hatte und auch ohne Krieg zu haben gewesen wäre, wurde Wahrheit: Aus Georgs Erbe und aus pfälzischen Gebieten an der Donau und im Nordgau formte der König für Ruprechts und Elisabeths überlebende Söhne Ottheinrich und Philipp die »Junge Pfalz«. Hauptstadt wurde die alte Ingolstädter Nebenresidenz Neuburg. 24 000 Gulden sollte der Fleckerlteppich aus heterogenen Herrschaften Georgs Enkeln im Jahr einbringen. Nach Abzug seines territorialen »Interesses« gab der Habsburger den Rest Bayerns in die Hände der Münchner Herzöge Albrecht und Wolfgang.

Auch wenn die spätere Münchner Propaganda noch nach Jahrhunderten von der »bayerischen Wiedervereinigung« schwärmte – Bayern blieb ein geteiltes Land, genauso wie es Maximilian in seiner Autobiografie beschrieb, in der er sich selbst als der »Weiskunig« bezeichnet:

Also tailet der weiß kunig dasselb land in drey tail; nemblichen den rechten gezirk des lands gab er den vorgemelten zwen erbfurstn, den andern tail, auch ain besonder gezirk, das stellet er den vorgemelten Kindern zu und den dritten tail, etliche stet und schlösser, behielt der weiß kunig fur seine zuspruch, dann ime war das land fellig, aber denselben fürstn aus sondern gnaden ließ er sich an wenig genugen.

Der Sieg war für die Münchner ein rechter Pyrrhussieg gewesen. Es war letztlich nur eine bayerische Wiedervereinigung dritter Klasse, die Albrecht IV. gelungen war. Bayern war künftig auf mittlere Größe festgelegt und Wittelsbach hatte aufgehört, ernsthafter Konkurrent Habsburgs zu sein. Freilich konnte der Herzog den größten Teil des reichen Unterlands seinem Münchner Territorium zuschlagen. Vor allem aber auf dem Nordgau und im Westen waren beträchtliche Ländereien an Georgs Enkel gefallen und damit für Jahrhunderte Ausland geworden. Dazu kamen die Gebiete, die für Maximilians »Interesse« an Habsburg gingen.

Die Bewohner des alten bayerischen Unterlands bekamen nun die Herrschaft der Münchner Herzöge zu spüren, die ihre

Kriegsausgaben refinanzieren mussten. Niederbayern war zwar noch lange das bei weitem ertragsstärkste Gebiet des Herzogtums, die einstmals blühenden Städte jedoch, allen voran Landshut, Ingolstadt und Burghausen, verloren Glanz und Reichtum an München.

Landshuter Enkel

In der »Jungen Pfalz« und um die Residenzstadt Neuburg an der Donau wurden die alten Bayern-Landshuter Traditionen weiter gepflegt: Ottheinrich und Philipp, die Enkel Herzog Georgs, nannten sich in ihrem jungpfälzischen Neuburg weiter – wie alle niederbayerischen Wittelsbacher – »Pfalzgraf bei Rhein und Herzog in Nidern und Obern Bayern«, also mit dem »Nidern« zuerst, im Gegensatz zu den Münchner Vettern. Und Ottheinrich machte – genauso wie die Reichen Herzöge – eine Devise zu seinem Markenzeichen: »Mit der Zeyt.« Ottheinrich ging tatsächlich »mit der Zeit« und wurde einer der bedeutendsten Renaissancefürsten Europas, Kunstsammler von hohen Graden, aufbauend auf der »fahrenden Habe« der Reichen Herzöge, die ihm im Kölner Spruch zugeteilt worden war. Der Fürst erkannte aber auch die Zeichen der Zeit und führte in seinem Fürstentum die Reformation ein – nicht zuletzt, um sich von seinen Münchner Vettern abzusetzen. Zuletzt traf sich »mit der Zeit« für ihn auch politisch alles zum Besten. Er, der zusammen mit seinem jüngeren Bruder Philipp nie mit den Einkünften aus der Jungpfalz ausgekommen war, überwand seine Geldsorgen, wurde Pfalzgraf in Heidelberg, ließ dort den berühmten Ottheinrichsbau errichten. Ja, ihm gelang es sogar, die zu Lebzeiten seines Großvaters Georg nie ausgezahlte Mitgift seiner polnischen Großmutter Hedwig einzutreiben. Den originalen Schuldschein im Gepäck, reiste er 1536 (61 Jahre nach der Hochzeit!) nach Krakau und bewog König Sigismund I., den Neffen der Landshuter-Hochzeits-Braut, an ihn, den Enkel, die ausstehenden 32 000 Gulden zu zahlen – ohne Zinsen allerdings.

Die Münchner waren deswegen im Volk bald äußerst unbeliebt. Ein Bauernknecht in der Gegend von Dingolfing soll nach dem Krieg gesagt haben, dem Herzog Albrecht wünsche er die Pest an den Hals, und wüsste er irgendwo einen Pfalzgrafen, so würde er ihm »drei Meilen weit nachlaufen«.

Albrecht der Weise versuchte sein nun deutlich vergrößertes Herzogtum abzusichern und damit derart mörderische Erbstreitigkeiten auf Dauer zu verhindern. Mit dem sogenannten Primogeniturgesetz vom 8. Juli 1506 legte er fest, dass Bayern künftig ungeteilt bleiben sollte, regiert immer vom erstgeborenen Herzogssohn. Die nachgeborenen Söhne dagegen sollten mit dem Grafentitel abgefunden werden. Das Gesetz wurde von König Maximilian bestätigt, wäre allerdings schon bei der ersten Bewährungsprobe beinahe Makulatur geworden: Nach Albrechts Tod 1508 sollte dem Gesetz zufolge der erstgeborene Sohn Wilhelm Herzog, der zweitgeborene Ludwig ein Graf von Vohburg und der dritte, Ernst, Geistlicher werden. So wurde die Angelegenheit zunächst auch umgesetzt. Als aber Ludwig volljährig wurde, verlangte er mit der Begründung, er sei vor dem Primogeniturgesetz geboren, die Mitregierung. Unterstützt wurde er dabei von seiner Mutter, der habsburgischen Kaisertochter Kunigunde, die, wie sie sagte, nicht die Mutter von Grafen sein wollte. Die Brüder begannen zu rüsten und überall im Land fürchtete man eine Neuauflage des Erbfolgekriegs. Erneut musste der inzwischen zum Kaiser gekrönte Maximilian schlichten. Er entschied, dass Ludwig den Herzogstitel und ein Viertel des Herzogtums haben solle. Im Herbst 1514 aber einigten sich die Brüder gütlich auf eine Nutzteilung: Ludwig bekam die Rentämter Landshut und Straubing mit der Hauptstadt Landshut, Wilhelm behielt die Finanzbezirke München und Burghausen und residierte weiter in München. Die neuen Herren beriefen Vereinigungslandtage nach Ingolstadt ein, die die unterschiedlichen Landrechte der beiden Landesteile vereinheitlichen sollten. Eines dieser Gesetze ist das berühmte »Bayerische Reinheitsgebot« für Bier, dessen Vorläufer Herzog Georg bereits 1493 für Bayern-Landshut erlassen hatte. 1516 wurde es auf die vereinigten Herzogtümer von Ober- und Niederbayern ausgedehnt.

Wilhelm IV. und Ludwig X.

Die Teilung zwischen den Brüdern funktionierte. Wilhelm IV. und Ludwig X. meisterten die Herausforderung ihrer Zeit, vor allem die Reformation und danach die Bauernkriege, einvernehmlich. Ludwig galt als geschickter Politiker, war 1526 als König von Böhmen und Ungarn, 1531 gar als römisch-deutscher König im Gespräch, zog aber beide Male gegen den späteren Habsburgerkaiser Ferdinand I. den Kürzeren. Als Schüler des Humanisten Johannes Aventinus förderte Ludwig an seinem Landshuter Hof zahlreiche Künstler und Gelehrte, wie etwa Hans Leinberger, den bedeutendsten bayerischen Bildhauer seiner Zeit, oder den Astronomen, Mathematiker und Kartografen Peter Apian, zu dessen bedeutendsten Werken das 1524 in Landshut erschienene »Cosmographicus liber« zählt, ein Grundlagenwerk zur Navigation, das mehr als 30 Auflagen erlebte. Im Frühjahr 1536 begann Ludwig in seiner Hauptstadt mit dem Neubau einer Stadtresidenz im damals brandneuen Renaissancestil. Anlässlich eines Besuchs in Mantua bei Federico II. Gonzaga lernte er dessen Palazzo del Te kennen, das manieristische Hauptwerk des Rafael-Schülers Giulio Romano. In der Folge lieferte Romano Entwürfe für die Landshuter Stadtresidenz und schickte einen Meister samt Bautrupp nach Landshut, wo bis 1543 – ein kunsthistorischer Solitär – der einzige italienische Renaissancepalazzo nördlich der Alpen entstand.

1445 starb Ludwig X. Vielleicht aufgrund einer Absprache mit seinem Bruder war er nie eine offizielle Ehe eingegangen, hatte deshalb auch keine legitimen Nachfolger. Damit war Wilhelm IV. wieder Alleinherrscher. Ludwig war der letzte dauerhaft in Landshut residierende Herzog. Die unter den Reichen Herzögen und auch Ludwig X. prachtvoll ausgebaute Burg be-

Die Stadtresidenz Landshut ist der einzige italienische Renaissancepalast nördlich der Alpen.

herbergte danach noch Wilhelms Sohn Albrecht V. und danach wiederum dessen Nachfolger Wilhelm V. während ihrer Thronfolgerjahre. Besonders der Letztgenannte führte in der zweiten Hälfte des 16. Jahrhunderts auf der nun »Trausnitz« genannten und noch einmal prächtig ausgestatteten Burg einen aufwendigen Renaissancehof. Berühmt ist der damals entstandene »Italienische Anbau« mit der einzigartigen Narrentreppe, die Szenen aus der Commedia dell'arte zeigt. Danach geriet die ehemalige Hauptstadt Niederbayerns gegenüber München endgültig ins Hintertreffen und sank zu einer unbedeutenden bayerischen Landstadt herab. Ähnlich erging es Niederbayern, dem reichen bayerischen Unterland. Das ehemalige bayerische Kernland wurde – verzerrte Sicht aus dem Blinkwinkel der neuen Hauptstadt – in späterer Zeit oftmals nur noch als hinterwäldlerisches, »niederes« Anhängsel Oberbayerns wahrgenommen.

Epilog: Glanzvolles Nachleben

Noch heute aber sind überall dort, wo einmal ein Landshuter Herzog regierte, die Spuren dieser Herrschaft zu sehen: Kunst, Kunsthandwerk und Architektur blühten im Landshuter 15. Jahrhundert. Die Harnische der damals hochgeschätzten Landshuter Plattner zählen heute zu den Glanzstücken der großen Museen der Welt. Noch unter Herzog Ludwig X. brachten es Bildhauer wie Hans Leinberger zu großem Ruhm.

Das Landshuter Archiv

Nicht nur das Land wurde unter seinen neuen Herren geteilt – auch das über Jahrhunderte gewachsene Archiv des Landshuter Herzogtums. Die Akten wurden je nach Herrschaftsgebiet aufgeteilt, manche gingen im Lauf der Zeit auch zugrunde – es wurde ihnen nur wenig von der Sorgfalt zuteil, wie sie die historische Überlieferung weiterbestehender Fürstentümer genoss. Das ist der Grund, warum mit aufwendigen quellenorientierten Forschungen zur Geschichte und hauptsächlich auch Kunst- und Kulturgeschichte Bayern-Landshuts eigentlich erst im letzten Viertel des 20. Jahrhunderts begonnen wurde. Dabei waren und sind immer wieder ungeahnte Entdeckungen zu machen. Eine der interessantesten betraf Sigmund Gleismüller, den Hofmaler der Herzöge Ludwig und Georg (tätig 1474–1515), der mit seinem Werk die Kunstlandschaft zwischen Regensburg und Salzburg prägte und gleichzeitig als Ausstatter der prächtigen Landshuter Feste und als Designer der Staatsgewänder am Herzogshof auftrat.

Vor allem aber stehen bis heute Kirchen und Schlösser in Niederbayern, Oberbayern und der Oberpfalz, in Schwaben und Mittelfranken, aber auch in Ober- und Niederösterreich sowie im Salzburger Land und in Tirol im Glanz dieses großen niederbayerischen Jahrhunderts. Ganz besonders erinnern überall dort manchmal äußerlich schmucklose, oft jedoch stattliche

Kostümentwurf Sigmund Gleismüllers für eine Sommerhoftracht Georgs des Reichen von 1486.

Gebäude an jene große Zeit: Es sind die herzoglichen Kästen, die Stadel, in denen, akkurat verzeichnet, die Steuern und Abgaben gesammelt wurden, die einst die Herzöge von Bayern-Landshut zu Reichen Herzögen gemacht haben.

Im kollektiven Gedächtnis unvergessen geblieben sind über die Jahrhunderte auch die legendären Hoffeste der Reichen Herzöge. Als in den 60er- und 70er-Jahren des 19. Jahrhunderts das Landshuter Rathaus im neugotischen Geschmack der Zeit renoviert wurde, erinnerte man sich in besonderer Weise an das letzte dieser Feste – die Hochzeit Georgs des Reichen mit Hedwig von Polen: Der historische Tanzsaal des Rathauses, dort wo 1475 tatsächlich der Tanz der Brautleute stattfand, wurde von den Münchner Malern Ludwig von Löfftz, Rudolf Seitz, August Spieß und Konrad Weigand mit dem monumentalen Wandgemälde „Die Einholung der Braut 1475" ausgestattet. Dieses Gemälde wiederum regte 1902 eine Gruppe Landshuter Bürger zu dem historischen Festspiel „Landshuter Hochzeit 1475" an.

Von den ersten Anfängen mit 145 Mitwirkenden hat sich die Landshuter Hochzeit heute zum alle vier Jahre stattfindenden größten Historienspiel Europas mit rund 2300 Kostümierten entwickelt. Im Gegensatz zu anderen Festspielen mit ähnlicher spätromantischer Geschichte, ging man in Landshut nach dem Zweiten Weltkrieg den Weg zum „historischen Dokumentarspiel", bei dem Kostüme, Ausstattung und Programmpunkte ein möglichst detailgetreues Bild der Zeit um 1475 liefern sollen. Der außergewöhnliche Erfolg des Festspiels bei Mitwirkenden wie Besuchern aus dem In- und Ausland zeigt, welche Zugkraft die Pracht von Bayerns goldenem Jahrhundert bis heute hat.

Die Gruppe der Reisigen im Festzug der „Landshuter Hochzeit", 2015.

Wittelsbacher Fürsten und Teilherzogt…

Ludwig IV. (1282–1347)

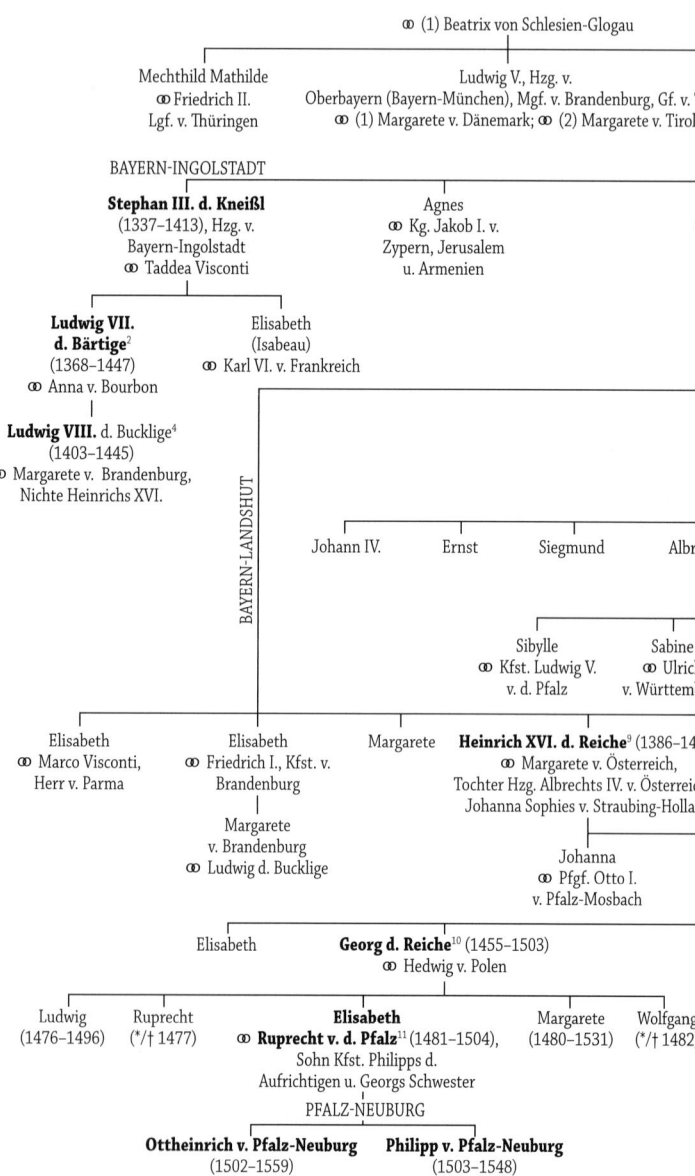

∞ (1) Beatrix von Schlesien-Glogau

Mechthild Mathilde
∞ Friedrich II.
Lgf. v. Thüringen

Ludwig V., Hzg. v.
Oberbayern (Bayern-München), Mgf. v. Brandenburg, Gf. v. T…
∞ (1) Margarete v. Dänemark; ∞ (2) Margarete v. Tirol

BAYERN-INGOLSTADT

Stephan III. d. Kneißl
(1337–1413), Hzg. v.
Bayern-Ingolstadt
∞ Taddea Visconti

Agnes
∞ Kg. Jakob I. v.
Zypern, Jerusalem
u. Armenien

**Ludwig VII.
d. Bärtige**[2]
(1368–1447)
∞ Anna v. Bourbon

Elisabeth
(Isabeau)
∞ Karl VI. v. Frankreich

Ludwig VIII. d. Bucklige[4]
(1403–1445)
∞ Margarete v. Brandenburg,
Nichte Heinrichs XVI.

BAYERN-LANDSHUT

Johann IV. Ernst Siegmund Albre…

Sibylle
∞ Kfst. Ludwig V.
v. d. Pfalz

Sabine
∞ Ulrich
v. Württemb…

Elisabeth
∞ Marco Visconti,
Herr v. Parma

Elisabeth
∞ Friedrich I., Kfst. v.
Brandenburg

Margarete

Heinrich XVI. d. Reiche[9] (1386–14…
∞ Margarete v. Österreich,
Tochter Hzg. Albrechts IV. v. Österreic…
Johanna Sophies v. Straubing-Hollar…

Margarete
v. Brandenburg
∞ Ludwig d. Bucklige

Johanna
∞ Pfgf. Otto I.
v. Pfalz-Mosbach

Elisabeth

Georg d. Reiche[10] (1455–1503)
∞ Hedwig v. Polen

Ludwig
(1476–1496)

Ruprecht
(*/† 1477)

Elisabeth
∞ **Ruprecht v. d. Pfalz**[11] (1481–1504),
Sohn Kfst. Philipps d.
Aufrichtigen u. Georgs Schwester

Margarete
(1480–1531)

Wolfgang
(*/† 1482)

PFALZ-NEUBURG

Ottheinrich v. Pfalz-Neuburg
(1502–1559)

Philipp v. Pfalz-Neuburg
(1503–1548)

Kaiser Ludwig dem Bayern (1)
–1347, Kg./Ks. 1314/1328

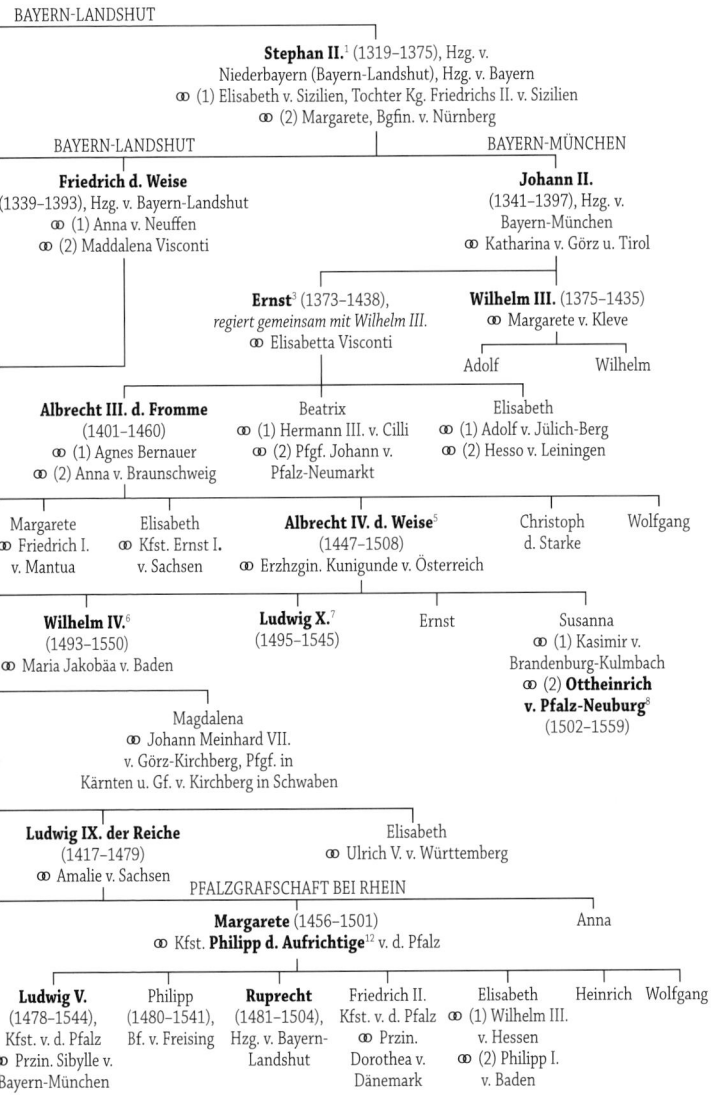

BAYERN-LANDSHUT

Stephan II.[1] (1319–1375), Hzg. v.
Niederbayern (Bayern-Landshut), Hzg. v. Bayern
∞ (1) Elisabeth v. Sizilien, Tochter Kg. Friedrichs II. v. Sizilien
∞ (2) Margarete, Bgfin. v. Nürnberg

BAYERN-LANDSHUT   BAYERN-MÜNCHEN

Friedrich d. Weise   **Johann II.**
(1339–1393), Hzg. v. Bayern-Landshut   (1341–1397), Hzg. v.
∞ (1) Anna v. Neuffen   Bayern-München
∞ (2) Maddalena Visconti   ∞ Katharina v. Görz u. Tirol

Ernst[3] (1373–1438),   **Wilhelm III.** (1375–1435)
regiert gemeinsam mit Wilhelm III.   ∞ Margarete v. Kleve
∞ Elisabetta Visconti
                                  Adolf   Wilhelm

Albrecht III. d. Fromme   Beatrix   Elisabeth
(1401–1460)   ∞ (1) Hermann III. v. Cilli   ∞ (1) Adolf v. Jülich-Berg
∞ (1) Agnes Bernauer   ∞ (2) Pfgf. Johann v.   ∞ (2) Hesso v. Leiningen
∞ (2) Anna v. Braunschweig   Pfalz-Neumarkt

Margarete   Elisabeth   **Albrecht IV. d. Weise**[5]   Christoph   Wolfgang
∞ Friedrich I. ∞ Kfst. Ernst I.   (1447–1508)   d. Starke
v. Mantua   v. Sachsen   ∞ Erzgin. Kunigunde v. Österreich

Wilhelm IV.[6]   **Ludwig X.**[7]   Ernst   Susanna
(1493–1550)   (1495–1545)   ∞ (1) Kasimir v.
∞ Maria Jakobäa v. Baden   Brandenburg-Kulmbach
                                                       ∞ (2) **Ottheinrich
                      Magdalena   v. Pfalz-Neuburg**[8]
                      ∞ Johann Meinhard VII.   (1502–1559)
                      v. Görz-Kirchberg, Pfgf. in
                      Kärnten u. Gf. v. Kirchberg in Schwaben

Ludwig IX. der Reiche   Elisabeth
(1417–1479)   ∞ Ulrich V. v. Württemberg
∞ Amalie v. Sachsen   PFALZGRAFSCHAFT BEI RHEIN

Margarete (1456–1501)   Anna
∞ Kfst. **Philipp d. Aufrichtige**[12] v. d. Pfalz

Ludwig V.   Philipp   **Ruprecht**   Friedrich II.   Elisabeth   Heinrich   Wolfgang
(1478–1544),   (1480–1541),   (1481–1504),   Kfst. v. d. Pfalz   ∞ (1) Wilhelm III.
Kfst. v. d. Pfalz   Bf. v. Freising   Hzg. v. Bayern-   ∞ Przin.   v. Hessen
∞ Przin. Sibylle v.   Landshut   Dorothea v.   ∞ (2) Philipp I.
Bayern-München   Dänemark   v. Baden

∞ (2) Margarethe v. Holland

Margarete	Anna	Ludwig VI,	Elisabeth
∞ (1) Stefan v. Kroatien, Dalmatien u. Slavonien (Anjou)	∞ Johann I. v. Niederbayern *(nach dessen (Tod fällt Ndb. an Ludwig IV. bzw. dessen Söhne)*	d. Römer, Hzg. v. Oberbayern (Bayern-München), Mgf. u. Kfst. v. Brandenburg	∞ (1) Cangrande II. v. Verona
∞ (2) Gerlach v. Hohenlohe		∞ (1) Kunigunde v. Polen	∞ (2) Ulrich v. Württemberg
		∞ (2) Ingeburg v. Mecklenburg	

[1] Stephan II. bringt im Laufe der Jahre die oberbayerischen Gebiete seiner Brüder Ludwig V., Ludwig VI. und Otto V. an sich. Seine Söhne teilen 1392 in Bayern-Ingolstadt, Bayern-Landshut und Bayern-München.

[2] Wird von seinem Sohn Ludwig VIII. 1443 gefangengenommen und abgesetzt. Nach dessen Tod noch einmal dem Namen nach Herzog, stirbt aber in der Gefangenschaft Heinrichs des Reichen von Landshut.

[3] Ernst und später sein Sohn Albrecht III. regieren Bayern-München nach Wilhelms Tod allein. Wilhelms Sohn Adolf amtiert nur dem Namen nach. Sein Erbrecht spielt aber eine Rolle in der Auseinandersetzung zwischen Bayern-Landshut und Bayern-München um das Ingolstädter Erbe.

[4] Die Ehe bleibt kinderlos, Ludwig stirbt zwei Jahre vor seinem Vater Ludwig VII., der damit als Gefangener an Heinrich von Landshut geht.

[5] Albrecht löst nach und nach alle Mitregierungsrechte seiner Brüder ab. Nach dem Landshuter Erbfolgekrieg vereinigt er den größten Teil Altbayerns in seiner Hand. Seine Söhne Wilhelm und Ludwig regieren gemeinsam. Ludwig residiert in Landshut.

[6] Wilhelms Nachkommen regieren Bayern bis zum Aussterben der altbayerischen Wittelsbacher 1777.

[7] Ludwig regiert in Landshut. Er bleibt unverheiratet; nach seinem Tod fällt sein Landesteil (Landshut und Straubing) an seinen Bruder Wilhelm zurück.

Kaiser Ludwig dem Bayern (2)

1294–1347, Kg./Ks. 1314/1328

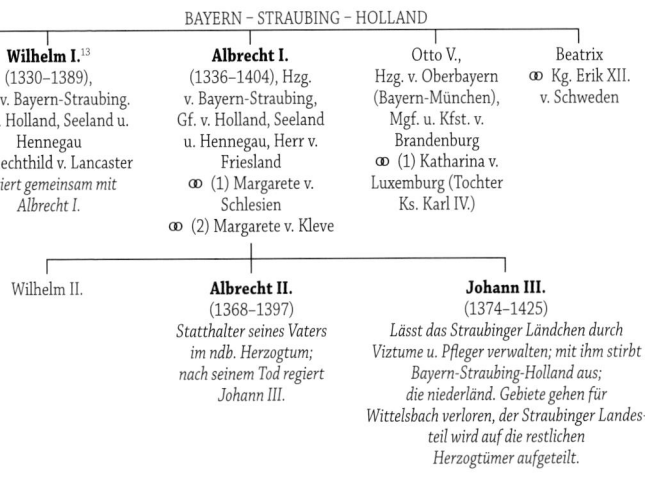

BAYERN – STRAUBING – HOLLAND

Wilhelm I.[13]
(1330–1389),
Hzg. v. Bayern-Straubing.
Gf. v. Holland, Seeland u.
Hennegau
⚭ Mechthild v. Lancaster
*regiert gemeinsam mit
Albrecht I.*

Albrecht I.
(1336–1404), Hzg.
v. Bayern-Straubing,
Gf. v. Holland, Seeland
u. Hennegau, Herr v.
Friesland
⚭ (1) Margarete v.
Schlesien
⚭ (2) Margarete v. Kleve

Otto V.,
Hzg. v. Oberbayern
(Bayern-München),
Mgf. u. Kfst. v.
Brandenburg
⚭ (1) Katharina v.
Luxemburg (Tochter
Ks. Karl IV.)

Beatrix
⚭ Kg. Erik XII.
v. Schweden

Wilhelm II.

Albrecht II.
(1368–1397)
*Statthalter seines Vaters
im ndb. Herzogtum;
nach seinem Tod regiert
Johann III.*

Johann III.
(1374–1425)
*Lässt das Straubinger Ländchen durch
Viztume u. Pfleger verwalten; mit ihm stirbt
Bayern-Straubing-Holland aus;
die niederländ. Gebiete gehen für
Wittelsbach verloren, der Straubinger Landes-
teil wird auf die restlichen
Herzogtümer aufgeteilt.*

---

[8] Er und sein Bruder Philipp regieren das „Junge Pfalz" genannte Neuburger Fürstentum gemeinsam. Philipp bleibt unverheiratet; Ottheinrichs Ehe bleibt kinderlos, er wird nach dem Tod seines Onkels Friedrich II. Kfst. von der Pfalz. Pfalz-Neuburg bleibt bei der Pfalz bis zum Aussterben der altbayer. Wittelsbacher 1777. Unter Kfst. Karl Theodor werden alle wittelsbachischen Territorien wiedervereinigt.

[9] Heinrich teilt sich 1425 gemeinsam mit den Münchner Herzögen Ernst und Wilhelm, sowie Ludwig von Ingolstadt das Straubinger Erbe. Nach dem Aussterben der Ingolstädter Linie bringt er nahezu das ganze Ingolstädter Territorium an Bayern-Landshut.

[10] Mit Georg dem Reichen endet die Linie der Reichen Herzöge von Bayern Landshut.

[11] Georgs Erben Ruprecht und Elisabeth sterben im Landshuter Erbfolgekrieg; für ihre Kinder Ottheinrich und Philipp wird das Fürstentum Pfalz-Neuburg gegründet.

[12] Die Pfalzgrafschaft bei Rhein ist seit 1214 wittelsbachisch. Seit Kaiser Ludwig IV. bildet sie eine eigene wittelsbachische Linie.

[13] Nach dem Tod Wilhelms regiert sein Bruder Albrecht allein.

Zeittafel

1180	Wittelsbacher Herzöge von Bayern
1204	Gründung Landshuts als neue bayerische Hauptstadt; in der Folge zahlreiche weitere Städtegründungen in Niederbayern
Um 1200	Wittelsbacher beerben viele niederbayerische Adelsgeschlechter
1255	Teilung Bayerns in die Teilherzogtümer Niederbayern mit der Hauptstadt Landshut und Oberbayern mit der Hauptstadt München
1311	»Ottonische Handveste« als Magna Charta Niederbayerns
1329	erneute Erbteilungen unter den Söhnen Ludwigs des Bayern: Neben Bayern-Landshut entstehen Bayern-München und Bayern-Straubing-Holland (Hausvertrag von Pavia)
1337–1413	Stephan III. der Kneißl, Herzog von Bayern-Ingolstadt, Vater v. Ludwig VII. dem Bärtigen
1340	Wiedervereinigung von Ober- und Niederbayern unter Ludwig dem Bayern
1360	Friedrich der Weise heiratet Anna von Neuffen († 1380), aus der Ehe geht eine Tochter hervor: Elisabeth (1361–1382), verheiratet mit Marco Visconti, Herr von Parma
1363	Wiedervereinigung Bayerns in der Hand Stephans II. von Landshut
1361 (vermutl.)	Ludwig VII. der Bärtige von Bayern-Ingolstadt, Todfeind Herzog Heinrichs des Reichen, wird geboren
1381	Friedrich der Weise heiratet in zweiter Ehe Maddalena Visconti, eine Tochter des Herrn von Mailand Bernabò Visconti, mit der er fünf Kinder hat
1386	Heinrich XVI. der Reiche Herzog von Bayern-Landshut wird geboren
1392	große Landesteilung in Bayern Landshut, Bayern-München und Bayern-Ingolstadt; das Herzogtum Bayern-Straubing-Holland besteht weiter
1392–1393	Herzog Friedrich der Weise
1393–1450	Herzog Heinrich XVI. der Reiche
1403	Ludwig VIII. der Bucklige von Bayern-Ingolstadt, Sohn Ludwigs des Bärtigen geboren

1408 u. 1410	Heinrich der Reiche lässt Bürgeraufstände in Landshut niederschlagen
1412	Heinrich der Reiche heiratet Margarete von Österreich
1414	Gründung der »Kelheimer Sittichgesellschaft«
1414–1418	Konzil von Konstanz
1415	Hinrichtung des böhmischen Reformators Jan Hus auf dem Konstanzer Konzil; die folgenden Unruhen in Böhmen führen schließlich zu den Hussitenkriegen
1416	Gründung des Bayerischen Adelsbunds durch Oswald von Törring, ehem. niederbayerischer Erbjägermeister
1417	Ludwig IX. der Reiche, einziger Sohn Heinrichs des Reichen, Herzog von Bayern-Landshut, wird in Burghausen geboren
1417	Mordanschlag Heinrichs des Reichen auf Ludwig den Bärtigen von Bayern-Ingolstadt auf dem Konstanzer Konzil
1419–1434	Während der Hussitenkriege kommt es mehrmals zu verheerenden Einfällen böhmischer Heerhaufen im Osten Bayerns
1420–1422	1. Bayerischer Krieg zwischen Bayern Ingolstadt einerseits und Bayern-Landshut und Bayern-München andererseits
1425	Wittelsbachische Linie Bayern-Straubing stirbt aus, Aufteilung unter München, Landshut und Ingolstadt
1434	Heinrich der Reiche beteiligt seinen Sohn Ludwig an der Regierung
1435	Prozess gegen Agnes Bernauer in Straubing
1438	Ludwig VIII. der Bucklige von Bayern-Ingolstadt erhebt sich gegen seinen Vater Ludwig den Bärtigen
1443	Ludwig VII. der Bärtige von Bayern-Ingolstadt wird von seinem Sohn Ludwig VIII. dem Buckligen gefangengenommen
1445	Tod Ludwigs des Buckligen, sein Vater Ludwig der Bärtige wird nominell wieder Herzog von Ingolstadt, befindet sich aber nach wie vor in Gefangenschaft und wird an Heinrich den Reichen ausgeliefert; Gefangenschaft auf der Burg zu Burghausen
1447	Tod Ludwigs VII. des Bärtigen von Bayern-Ingolstadt in Burghausen; Bayern-Ingolstadt kommt an Bayern Landshut

1450	Tod Heinrichs XVI. des Reichen; ihm folgt sein Sohn Ludwig IX. der Reiche
	Vertreibung der Juden aus dem Herzogtum Bayern-Landshut
um 1450	Erfindung des Buchdrucks durch Johannes Gutenberg in Mainz; erste Buchdrucker in Bayern-Landshut 1472 in Lauingen, 1484 in Ingolstadt nachweisbar
1452	Hochzeit Ludwigs des Reichen mit Amalie von Sachsen Kaiserkrönung Friedrichs III.
1453	Eroberung Konstantinopels durch die Türken
1455	Georg der Reiche, Herzog von Bayern-Landshut, wird geboren
1455–1460	„Schinderlingszeit"; die Pfennigwährung sinkt auf ein Dreißigstel des ursprünglichen Wertes; Währungsreform unter Führung des Landshuter Herzogs am 7. April 1460
1459–1463	2. Bayerischer Krieg („Fürstenkrieg") zwischen Kurfürst Albrecht Achilles von Brandenburg-Ansbach und Herzog Ludwig dem Reichen
um 1470	Erfindung des Uhrwerks mit Hemmung (erste moderne Maschine) im bayerisch-tirolischen Raum
1472	Gründung der ersten bayerischen Landesuniversität durch Ludwig den Reichen von Bayern-Landshut
1475	„Landshuter Hochzeit" Herzog Georgs des Reichen mit Hedwig, der Tochter des Polenkönigs Kasimir
1479	Tod Ludwigs IX. des Reichen in Landshut; ihm folgt sein Sohn Georg der Reiche
um 1480	Beginn der Nutzung der Wasserkraft mit Hilfe der Transmission; die Eisenhämmer machen die Oberpfalz zum „Ruhrgebiet des Spätmittelalters"
1481	Tod des Landshuter Rats Dr. Martin Mair
1485	Albrecht IV. von Bayern-München überschreibt für den Fall seines erbenlosen Todes sein Teilherzogtum an Georg von Bayern-Landshut
1486	Regensburg wird vorübergehend bayerisch
1487	Albrecht IV. heiratet; Georg wendet sich in der Folge von ihm ab
1492	Entdeckung Amerikas durch Columbus
1495	Pest in Landshut; Herzog Georg flüchtet in die Pfalz

1496	Herzog Georg setzt in seinem Testament die eigene Tochter und ihren Gemahlen Pfalzgraf Ruprecht als Erben ein
um 1500	Vollendung des 130 Meter hohen Landshuter Martinsturms
1502	Tod Herzogin Hedwigs in Burghausen
1503	Tod Georgs des Reichen von Bayern-Landshut in Ingolstadt
1504–1505	Landshuter Erbfolgekrieg
1504	Tod Ruprechts von der Pfalz und Elisabeths von Bayern-Landshut
1505	Kölner Spruch: Wiedervereinigung Bayerns; für die beiden Enkel Georgs des Reichen wird aus Teilen des alten niederbayerischen Herzogtums das Fürstentum „Junge Pfalz" gebildet
1506	Primogeniturgesetz soll weitere Teilungen Bayerns verhindern
	Einführung der Guldenwährung in Bayern
	Baubeginn der Peterskirche in Rom; Tetzel beginnt seinen Ablasshandel
1508	Tod Albrechts IV. des Weisen
1514	Herzog Ludwig X. erzwingt von seinem Bruder Wilhelm IV. Mitregierung und macht Landshut erneut zur Residenz
1516	Auf Landtagen in Ingolstadt werden die unterschiedlichen Rechtsordnungen der ehemaligen Landshuter und Münchner Gebiete homologisiert, darunter auch die Biergesetze (Bayerisches Reinheitsgebot)
1517	Mit Luthers Thesenanschlag in Wittenberg beginnt die Reformation
1534	Tod des „Vaters der bayerischen Geschichtsschreibung" Johannes Aventinus in Regensburg
1536–1543	Errichtung der herzoglichen Stadtresidenz in Landshut; einziger italienischer Renaissance-Palazzo nördlich der Alpen
1545	Tod Ludwigs X.; Ende Landshuts als dauerhafte Residenzstadt; in der 2. Hälfte des 16. Jh. dient Landshut den jungen Herzögen Albrecht V. und Wilhelm V. als Thronfolgerresidenz

Literatur in Auswahl

Ausstellungskataloge der Staatlichen Archive Bayerns, hg. v. der Generaldirektion der Staatl. Arch. Bayerns Nr. 16: Die Fürstenkanzlei des Mittelalters. Anfänge Weltlicher und geistlicher Zentralverwaltung in Bayern, München 1983

Bauer, O., Landshut im 15. Jahrhundert. Stadt und Gebäude zur Zeit der Landshuter Hochzeit, Landshut 2011

Bauer, T. A., Feiern unter den Augen der Chronisten. Die Quellentexte zur Landshuter Fürstenhochzeit von 1475, München 2008

Bäumler, S., Brockhoff, E., Henker, M., Von Kaisers Gnaden. 500 Jahre Pfalz-Neuburg. Katalog zur Bayerischen Landesausstellung 2005, 3. Juni bis 16. Oktober 2005, Augsburg 2005

Biersack, I. Die Hofhaltung der »reichen Herzöge« von Bayern-Landshut (= Regensburger Beiträge zur Regionalgeschichte. Archiv des Katharinenspitals Regensburg, Hg.: Artur Dirmeier, Peter Schmid und Wido Wittenzellner Bd. 2), Regensburg 2006

Bleibrunner, H. (Hg.), Große Niederbayern. Zwölf Lebensbilder, 2. Aufl., Landshut 1973

Bleibrunner, H., Niederbayerische Heimat, 7. Aufl., Landshut 1969

Bleibrunner, H., Niederbayern. Kulturgeschichte des bayerischen Unterlandes in zwei Bänden, hg. v. Bezirkstag v. Niederbayern, 3. Aufl., Landshut 1993

Böck, E., Sagen aus Niederbayern, 3. Aufl., Regensburg 1996

Bosl, K., (Hg.), Bosls Bayerische Biographie. 8000 Persönlichkeiten aus 15 Jahrhunderten, Regensburg 1983

Czerny, H., Der Tod der bayerischen Herzöge im Spätmittelalter und in der frühen Neuzeit 1347–1579. Vorbereitungen – Sterben – Trauerfeierlichkeiten – Grablegen – Memoria (= Schriftenreihe zur bayerischen Landesgeschichte. Band 146), München 2005

Dorner, J., Herzogin Hedwig und ihr Hofstaat. Das Alltagsleben auf der Burg Burghausen nach Originalquellen des 15. Jahrhunderts (= Burghauser Geschichtsblätter, 53. Folge), hg. v. d. Stadt Burghausen-Stadtarchiv, Burghausen 2002

Ettelt-Schönewald, B., Kanzleischriftgut, Kanzlei, Rat und Regierung Herzog Ludwigs des Reichen von Bayern-Landshut (1450–1479) mit Studien zur Zeit Heinrichs des Reichen für die Zeit von 1430–1450 (= Schriftenreihe zur bayerischen Landesgeschichte Band 97/I; zugleich Dissertation, München 1988), München 1996

Fuetrer, U., Bayerische Chronik, hg. v. Reinhold Spiller, Neudruck Aachen 1969, S. 231

Glasauer, B., Herzog Heinrich XVI. (1393–1450) der Reiche von Bayern-Landshut. Territorialpolitik zwischen Dynastie und Reich (= Münchner Beiträge zur Geschichtswissenschaft, hg. v. Prof. Dr. Hans-Michael Körner und Prof. Dr. Claudia Märtl, Ludwig-Maximilians-Universität München, Bd.5), München 2009

Glaser, H. (Hg.), Wittelsbach und Bayern, Katalog der Wittelsbacher Ausstellungen in Landshut und München, Bde. I-III (in sechs Teilbänden), München und Zürich 1980

Haller, H., Das Turmkränzlein. Die Sagen der Stadt Landshut, in: Niederbayerische Hefte 106, 2. erweiterte Auflage, Regensburg o. J.

Hausberger, K., Hubensteiner, B., Bayerische Kirchengeschichte, München 1985

Heydenreuter, R., Pledl, W., Ackermann, K., Vom Abbrändler zum Zentgraf. Wörterbuch zur Landesgeschichte und Heimatforschung in Bayern, München 2009

Hiereth, S., Herzog Georgs Hochzeit im Jahre 1475. Eine Darstellung aus zeitgenössischen Quellen, Landshut, 1979

Huber, G., Kleine Geschichte Niederbayerns. 2. Aufl., Regensburg 2010

Huber, G., Der bayerische Erbfolgekrieg, in: Stadt Landshut (Hg.), Weitberühmt und vornehm. Landshut 1204–2004. Beiträge zu 800 Jahren Stadtgeschichte, Ergolding 2004

Kaltwasser, K., Herzog und Adel in Bayern-Landshut unter Heinrich XVI. dem Reichen (1393–1450), Dissertation, Universität Regensburg 2004

Kirmeier, J., Die Juden und andere Randgruppen. Zur Frage der Randständigkeit im mittelalterlichen Landshut, Landshut 1988

Köllner, A., Der Landshuter Erbfolgekrieg nach Georg des Reichen Tod, in VN I (1846), S. 73ff.

Kraus, A., Geschichte Bayerns. Von den Anfängen bis zur Gegenwart, München 1983

Kremer, R., Die Auseinandersetzungen um das Herzogtum Bayern-Ingolstadt 1438–1450 (= Schriftenreihe zur bayerischen Landesgeschichte Band 113; zugleich Dissertation, Mannheim 1989), München 2000

Lackner, I., Herzog Ludwig IX. der Reiche von Bayern-Landshut (1450–1479). Reichsfürstliche Politik gegenüber Kaiser und Reichsständen. Dissertation, Universität Regensburg 2010

Locher, J., gen.: Philomusus, Trauergedicht auf den Tod der Herzogin Hedwig, in: Beckenbauer, A., Lokalhistorische Texte, Nr.7., S.23, Landshut 1987

Niehoff, F. (Hg.), Ritterwelten im Spätmittelalter. Höfisch-ritterliche Kultur der Reichen Herzöge von Bayern-Landshut, Landshut 2009

Pietrusky, U., (Hg.) Niederbayern. Zur Bevölkerungs- und Wirtschaftsgeographie eines unbekannten Raumes, Passau 1980

Rall, H., Zeittafeln zur Geschichte Bayerns, München 1974

Rall, H. u. M., Die Wittelsbacher in Lebensbildern, Graz, Wien, Köln und Regensburg 1986

Spindler, M. (Hg.), Handbuch der Bayerischen Geschichte, Bde. 1–6, 2. überarb. Aufl., München 1981ff.

Spindler, M., Bayerischer Geschichtsatlas, Redaktion: Gertrud Diepolder, München 1969

Spitzlberger, G., Das Herzogtum Bayern-Landshut und seine Residenzstadt 1392–1503. Mit Beiträgen von Werner Ebermeier, Gerhard Schwertl und Gerhard Tausche, Landshut 1993

Stadtarchiv Ingolstadt (Hg.), Bayern-Ingolstadt, Bayern-Landshut 1392–1506. Glanz und Elend einer Teilung, Ingolstadt 1992

Stahleder, E., Die Kinder und Enkel der Hedwig von Polen, in: Beiträge zur Heimatkunde von Niederbayern, Landshut 1967

Statnik, Björn, Sigmund Gleismüller: Hofkünstler der Reichen Herzöge von Landshut, Petersberg 2009

Stauber, R., Herzog Georg von Bayern-Landshut und seine Reichspolitik, Kallmünz/Opf. 1993

Stauber, R., Georg der Reiche. Vom Sterben und Leben eines Herzogs. In: Verhandlungen des Historischen Vereins für Niederbayern, Band 129/130, Landshut 2003/04, S.93–108

Tausche, G./Ebermeier, W., Geschichte Landshuts, München 2003

Wild, J., Die Herzöge von Straubing und Ingolstadt. Residenzstädte auf Zeit, in: Alois Schmid, Katharina Weigand (Hg.): Die Herrscher Bayerns. 25 historische Portraits von Tassilo III. bis Ludwig III., 2. Aufl., München 2006

Würdinger, J. (Bearb.), Kriegsgeschichte von Bayern, Franken, Pfalz und Schwaben von 1347 bis 1506., 2 Bde., München 1868

Zainer, A., Andreae Zayneri Archigrammataei Ingolstadiensis Rerum Bello Baarico Gestarum a Morte Georgii Divitis ad Laudum Coloniense Liber Memorialis Incompletus ... in: Andreas Felix Oefele, Rerum Boicarum Scriptores II, Augsburg 1763, S. 345ff.

Ziegler, W., Studien zum Staatshaushalt Bayerns in der zweiten Hälfte des 15. Jahrhunderts. Die regulären Kammereinkünfte des Herzogtums Niederbayern 1450–1500, München 1981

Bildnachweis

akg-images: 125

Alfred Forster, Jenkofen: 34

Archiv der Ludwig-Maximilians-Universität München: 93

Bayerisches Staatsarchiv, München: 145

Bayerische Staatsbibliothek, München: 67 (BStB, Cgm1507, fol. 4r)

Bayerische Verwaltung der staatlichen Schlösser, Gärten und Seen: 118

Bayerisches Hauptstaatsarchiv, München: 56 (Reichsstadt Regensburg Urkunden, 1449 III 16), 101 (Gerichtsurkunden Dingolfing 80), 130 (Kurbayern Urkunden 21589)

Haus der Bayerischen Geschichte; Ausführung: Büro für angewandte Visionen, München (Aus: Bäumler, Suzanne / Henker, Michael / Brockhoff, Evamaria (Hg.): Von Kaisers Gnaden. Katalog zur Bayerischen Landesausstellung, Augsburg 2005): 16, 139

Haus der Fotografie, Dr. Robert-Gerlich-Museum, Burghausen (St/P 2039): 112

http://commons.wikimedia.org: 26 (Aufnahme: Demidow), 91, 106

fotolia.de / ArTo: 99

Museen der Stadt Landshut: 61, 83 (Aufnahme: Harry Zdera)

Presse- und Informationsamt Ingolstadt: 133

Reinhold Thaller: 36

Stadtarchiv Straubing: 46

Stadtmuseum Ingolstadt: 89

Thomas Link, Landshut: 8

Toni Ott, Landshut: 55

ullstein bild – Prisma / Kreder Katja: 58

ullstein bild – Uhlenhut: 144

Verein Die Förderer e.V.: 146

Umschlagmotive: *Vorderseite*: Georg der Reiche von Bayern-Landshut. – Gemälde von Peter Gertner, 1495. Bayerische Staatsgemäldesammlungen (Aufnahme: © Bayer&Mitko – ARTOTHEK); *Rückseite*: Die Burg Trausnitz in Landshut. – (Aufnahme: fotalia.com/Otto Durst).

Bibliografische Information der Deutschen Nationalbibliothek
Die Deutsche Nationalbibliothek verzeichnet diese Publikation in der Deutschen
Nationalbibliografie; detaillierte bibliografische Daten sind im Internet über http://
dnb.dnb.de abrufbar.

2., vollständig überarbeitete und aktualisierte Auflage 2017

ISBN 978-3-7917-2483-6
© 2013 by Verlag Friedrich Pustet, Regensburg
Reihen- / Umschlaggestaltung und Layout: Martin Veicht, Regensburg
Satz: Martin Vollnhals, Neustadt a. d. Donau
Druck und Bindung: Friedrich Pustet, Regensburg
Printed in Germany 2016

Weitere Titel aus unserem Programm finden Sie auf www.verlag-pustet.de
Kontakt und Bestellungen unter verlag@pustet.de